丁寧すぎるプロセス付き!

世界一わかりやすい メイクの教科書

ヘア&メイクアップアーティスト
長井かおり

はじめに

皆さん、こんにちは！　長井かおりです。
この本で初めて私と出会う方、はじめまして！
雑誌などで気に留めていただいていた方、ようこそ!!
そして、すでに私の著書をお持ちの方、
イベントやメイクレッスンなどでお会いしたことが
ある方、あらためまして！
今回は、そんな皆さん全員に満足
していただける本を目指しました。
キレイ、素敵と思われるような
ベーシックな好感度メイクは、
私が得意とするところ！

その基本的なメソッドを
〝世界一わかりやすい〟に
こだわってアップデート
しました。さらに
「マンネリになりがち」という
皆さんの声と、「もっと
トレンドを楽しんでほしい」という
私の想いを込めて
簡単なコツをおさえるだけで
楽しめるカラーメイクも提案。
最新の好感度メイクのつくり方はきっちりと
おさえつつ、メイクパターンを増やすことができる、
欲張りな本になっています。
皆さんがもっとこの本でメイクを楽しめますように！

CONTENTS.

KAORI NAGAI MAKE-UP BOOK

PART 2

彫りづくり

立体感を彫って美人の土台をつくる

PART 3

カラーメイク
「色」をもっと楽しんでいいんです！

ベーシックな好感度メイクとオシャレは両立できます！

今、皆さんのおかげで、たくさんの雑誌でお仕事をさせていただいております！　本当にいろんな企画がありますが、その中でとくに私に求められているなと感じるのは、〝ザ・実直〟なメイク。お仕事シーンで浮くことなく、誰からも好感度が得られて、華やかさもある。そして、くずれない。これは、今までどんなにカラーメイクが流行ろうとも、ブラウンやアプリコット（コーラル）カラーを塗っておけば間違いないと思っていた私の考えを体現したメイクと、まさにイコール。ここはブレません！

一方で、オシャレなカラーメイクにも挑戦してほしいという気持ちも。どんどん進化していくファンデーションやアイシャドウ、リップなどのコスメに触れたり、リアルトレンドをつくりだす機会が増えるなかで、カラーメイクは特別な日にするもの、限られた人が似合うもの、ではなくて、〝ベーシック〟にできると思ったんです。

実際、イベントやメイクレッスンで皆さんとお会いしても、パープルのアイシャドウをうすくだけど塗っていたり、赤いリップに挑戦していたり。皆さんの〝カラーを使いたい〟という気持ちを確実に感じるんです。でも、同時にちょっとどこか不安げ。

そんな期待と不安が入り混じった気持ちに応えたいという思い、そして私自身、もっとカラーメイクをベーシックに提案したいという思いを詰め込みました。今までのベーシックな好感度メイクのハウツーをよりわかりやすく、今の空気感を少し盛り込んで進化させると同時に、その延長としてカラーが楽しめるハウツーを提案しています。

雑誌などで活躍するモデルさんは、すっぴんですでに彫り深い、いわゆるモデル顔。だからこそ、ポンとカラーをのせてもオシャレにキマるのですが、私も含め、そのままマネてしまうとそうはキマらないことが多いのは、厳しいけれど現実です。だからこそ、事前にモデルのような彫り深い顔をつくっておけばいいのです。それが、今まで私が提唱してきた好感度メイクそのもの。彫りさえつくっておけば、あとは思いのままに色をのせていくだけで……あら、不思議！　同じカラーを使っているのに、全然浮かなくなるし、きちんとオシャレになるんです。

他人から〝メイクが上手〟と思われるのではなく、〝なんだか素敵な人〟と思われる好感度メイク。そして、その先にある妥協なくカラーを楽しめる領域へ、責任をもってお連れします！

あなたとコスメを繋ぐ簡単なテクニック。その効果は、保証します！

「このコスメ、私には合わなかった」「せっかく買ったのに、全然よくない」大なり小なり、誰もが感じたことがあるコスメに対する不満であり、これを読んでいるこの瞬間にも、ひとつやふたつ、そう感じているコスメが手元にあると思います。

実はこれ、私のレッスンでもよく上がる声。でも使い方のアドバイスをちょっとさせていただくだけで、「こんなにイイものだったんだ！」と驚かれます。そして、そのたびに〝もっとコスメと皆さんの仲を取り持ちたい〟〝もっと手持ちのコスメと仲良くなってほしい〟と私の〝仲人〟心がムクムクと芽生えるのです。

もちろん、アイシャドウやリップなどのカラーアイテムは、そのときどきの旬が強く出るアイテムなので、トレンドを手軽に取り入れたいなら、新作を購入するのがオススメ。とくに最近のコスメは、鮮やかな色やマットなテクスチャーでも透け感があるから肌へのなじみがよく、扱いやすい。変なことには、まずならないんです！
でも一方で、手持ちのコスメでも仲良くなりさえすれば、十分、オシャレ感を出すことができます。何より誰からも好印象なメイクが実現するんです。
では、どうすれば、コスメと仲良くなれるのか？　答えは、シンプルなことの積み重ねです。まず鏡を見て、しっかりと手で圧力をかけたり、ふっとチカラを抜いたり。指で塗ったり、スポンジやブラシを使ったり。手つきや、指の動かし方、肌にあてる角度などのポイントをおさえるだけです。「複雑で難しそう！」と思うかもしれませんが、この本では、ズバリ〝このときはこう！〟と決めてあるから、大丈夫。ひとつひとつを積み上げていくと、大きな効果が生まれます。

そして、変顔も皆さんがコスメと仲良くなるために大切なテクニックのひとつ。目を見開いたり、口を大きく開けたり、人に見られるとちょっと恥ずかしいかもしれませんが、基本的にメイクはひとりでするものだから、問題ナシ。シワや毛穴がのびて、十分にコスメが行き届くことで、シワも毛穴も目立たなくなります。だから、恥ずかしがらずに思いっきり、ぜひ。
この本では、実際にプロセスで使用したアイテムや、私が普段、撮影など仕事の現場で愛用しているアイテムを紹介していますが、あくまでも新調したいのなら、という参考程度です。わざわざ買い換える必要はまったくなくて、これから紹介する方法どおりにしていただければ、今、手持ちのコスメでＯＫ。５０００円で買ったアイテムが２０００円の能力しか発揮できずに終わることなく、きちんと５０００円、なんならそれ以上の効果を感じられるテクをお伝えします。

お得感満載！
ベーシック〝カラー〟メイク。

長井メイクの流れ

肌づくり ▶ 彫りづくり ▶ カラーメイク（NEW!）

＼色を使ったメイクも楽しめます!／

肌づくりや彫りづくりは、今までの長井メイクにもあったベーシック。メイクレッスンやイベントでこのベーシックを提案し続けるうちに、今まで皆さんに伝えきれていなかったポイントに気づくことができ、この本ではその点を反映しました。同時に、単純に〝何色が流行っている〟というトレンドとは別軸にある〝もっと個性を大事にしていいんだよ〟という時代の空気感も盛り込んで、アップデートもしています。

まず、肌づくりで生まれるのは清潔感です。オフタイムなら下地やファンデーションを塗らないという選択肢もあるけれど、お仕事シーンにおいては塗らずにはいられないというのが現実ではないでしょうか。とはいえ、素肌を隠しきるのではなくて、〝もとから肌がキレイな人〟と思われる仕上がりが正解。モデルさんにメイクをしていると「このファンデーション、どこのですか？」と聞かれますが、今は本当に優秀なものばかりで、はっきりいってどれでもＯＫ！　塗り方次第でモデルさえも羨む肌はつくれるんです。

そして、もうひとつ。忙しくてストレスフルで、常に疲労と隣り合わせの時代に生きる私たちにとって、〝血色感〟をきちんと与えておくことも、肌づくりの大切なポイント。だから今回、チークは血色を意識して肌づくりに盛り込みました。

次に彫りづくり。雑誌の美容ページを飾るモデルさんたちの多くは、〝顔の彫り〟が、すっぴんの時点でほとんどできあがっているんです。モデルになるべくしてなった顔ともいえます。だからこそ、そこをすっ飛ばして、いきなりカラーメイクができるのですが、私たちは肌づくりのあと、彫りづくりまで必要。あらかじめ目元にブラウンのアイシャドウで影を入れて、彫り深く見せておくことで、モデルさんと同じようにカラーメイクができちゃうんです。いってみれば、今まで諦めていたカラーメイクも、この仕込みさえすれば、できちゃうはず。

　実は、ここまでの肌づくりと彫りづくりのステップが、長井メイクの大部分を占めています。土壌が整えば美しい花がたくさん咲くように、肌と顔の土台さえつくってしまえば、いろんなメイクが楽しめ、あなたの新しい魅力がたくさん花開いていきます。だから、ぜひ頑張ってほしい！プロセスが多くて大変に思えるかもしれませんが、わかりやすく丁寧に解説しているので、毎日繰り返すうちにスピーディにできるようになります。信じてついてきてください！

　そして、いよいよカラーメイクのステップへ。この本では、カラーメイクに苦手意識をもっている人でもつけやすい色を選んでいますが、本当に心が踊る色なら、何色でもいいんです。まずは手持ちのアイシャドウで試してみるのもオススメ。

　ちなみに、寝坊した日は肌づくりまで、もう少し余裕があれば彫りづくりまででＯＫ。あとは軽くリップを塗れば、お仕事シーンには十分対応できるはず。

　この本で、皆さんの毎日のメイクが、もっともっと楽しくなりますように！

KAORI NAGAI MAKE-UP BOOK
/

PART1

肌づくり

ベースメイクに求めるのは
清潔感のある“ツヤ”

肌のトレンドを追う必要はありません。誰でも素敵に見える〝ツヤ肌〟が正解です。

カラーメイクと同じで、肌の質感にもトレンドがあります。
マットが流行ったり、ふわっとフォギーな肌が流行ったり。
でも、これらはあくまでもトレンドで全員に似合うとは限らない。
いろんな人にお会いしてつくづく思うのは、素敵なマット肌を
皆さんがセルフで実現するには、難易度が高すぎるということ。
それに対して、ツヤのある肌は誰でも失敗なくつくれて
健康的な印象をもたらすうえ、いつの時代も素敵と思われる憧れ肌。
だから、私は断言します。
たとえ、どんなにマット肌ブームがきても
正々堂々と、ツヤに逃げてよし。
少しでもツヤがあれば、イキイキとして美しい肌に見えますよ。

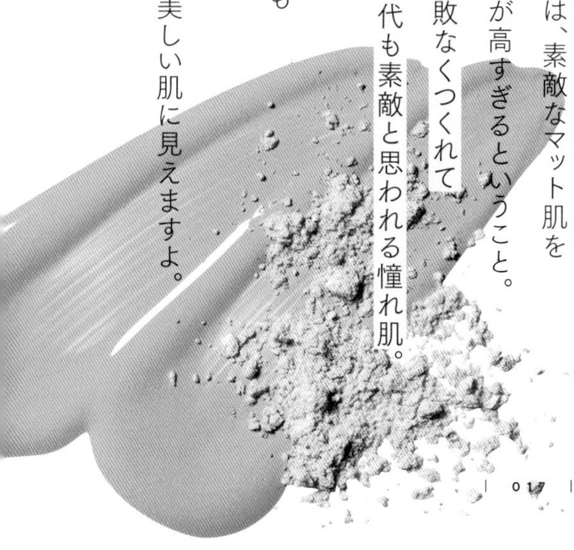

STEPS

下地 ▶ ファンデーション ▶ コンシーラー ▶ チーク ▶ フェイスパウダー

下地

お悩みカバーの主役は
ファンデじゃなく
下地。

明るくてつるんとなめらかな素肌が理想ですが、現実は、
全体的にトーンが暗かったり、くすみや赤み、色ムラがあったり、
毛穴が目立っていたりするもの。そういった色の不均一さや凹凸を
フラットにならすのはファンデーションと思いがちですが、
主にお悩みカバーを担当するのは、肌の土台をつくる下地です。
今は個性豊かな下地が多く、どれがいいか迷う！という声も。
P20のチャートであなたの肌に合う下地を選んだら、
タイプ別の塗り方をマスター。
ファンデーションによるツヤが映える肌の土台がつくれます。

美肌づくりを ファンデーションやコンシーラー だけに頼らないで！

下地である程度カバーしておけば、ファンデーションを厚く重ねたり、コンシーラーをムダに塗ったりする必要がなく、肌に均一感が出てキレイ。下地に頼らないと、逆に不自然さや厚ぼったさが出るので注意して。

[下地にできること]

- トーンUP
- くすみ解消
- 毛穴隠し
- 色ムラ補整
- くずれ防止
- 血色プラス
- テカリ防止
- ファンデののりUP

紫外線対策は下地ではなくスキンケアで！

下地は悩みに合わせて、全顔ではなく部分的に塗るのが長井メイクの基本。では、UVカットはどうするの？と不安になるかもしれませんが、スキンケアの段階で日焼け止め乳液やUVケアを全顔に塗っておけばOKです。

スキンケア

化粧水 ◀ 乳液 ◀ 日焼け止め

→ UVケアまでがスキンケアと考える！

ベースメイク

下地 ◀ ファンデーション ………

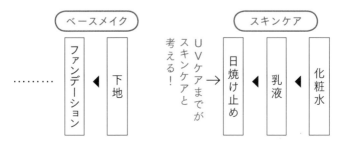

必要な下地が選べる!

お悩みCHECK CHART

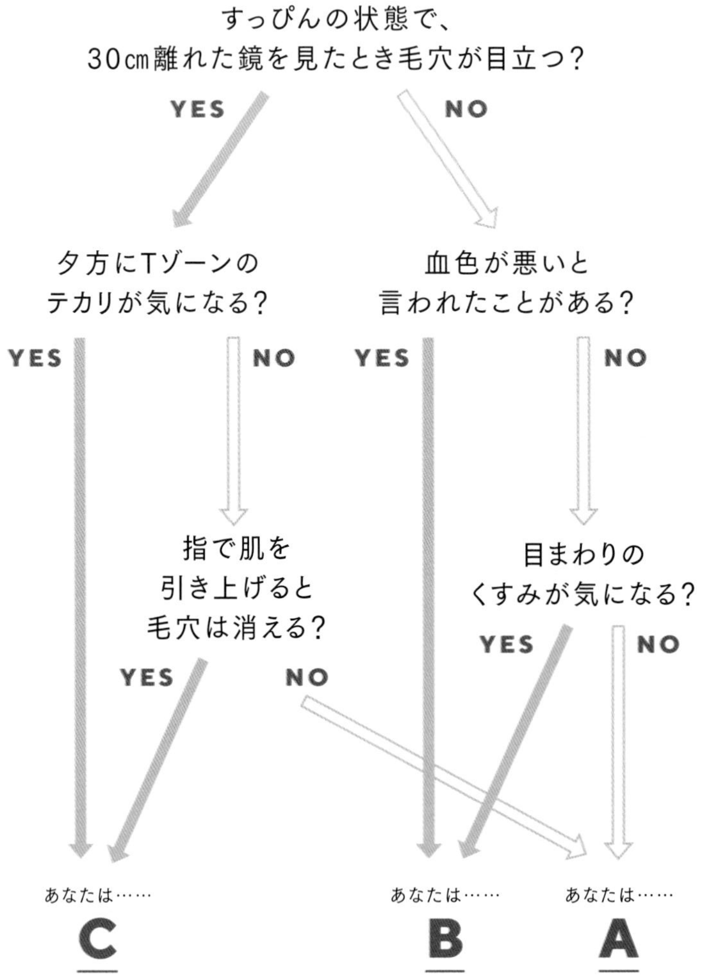

すっぴんの状態で、
30㎝離れた鏡を見たとき毛穴が目立つ?
YES
NO
夕方にTゾーンの
テカリが気になる?
血色が悪いと
言われたことがある?
YES
NO
YES
NO
指で肌を
引き上げると
毛穴は消える?
目まわりの
くすみが気になる?
YES
NO
YES
NO
あなたは……
C
あなたは……
B
あなたは……
A

A の人は……

大きな悩みはないけれど、なんだか満足できない

ノーマル肌タイプ

→ P22へ!

必要なのは……

ホワイト下地

B の人は……

目まわりのどんより感や血色不足が気になる

くすみ肌タイプ

→ P26へ!

必要なのは……

ピンク下地

C の人は……

開き毛穴やたるみ毛穴、キメの乱れが気になる

凹凸肌タイプ

→ P30へ!

必要なのは……

毛穴カバー下地

コスメ選びのポイント

A

肌をパッと明るく均一に
見せたいノーマル肌タイプの人は、
トーンアップ＆発光効果がバツグンの
ホワイト下地が正解。
多少の悩みなら、
コレだけで消え去ります！

type（A）

WHITE PRIMER

肌になじんだ後にきちんと明るく発光するタイプが正解

繊細にきらめく明るいツヤ肌に。イルミネイティング セラムプライマー 01 SPF20・PA++ 30㎖ ￥3200／ジルスチュアート　ビューティ

＼ ホワイト下地はココに塗る! ／

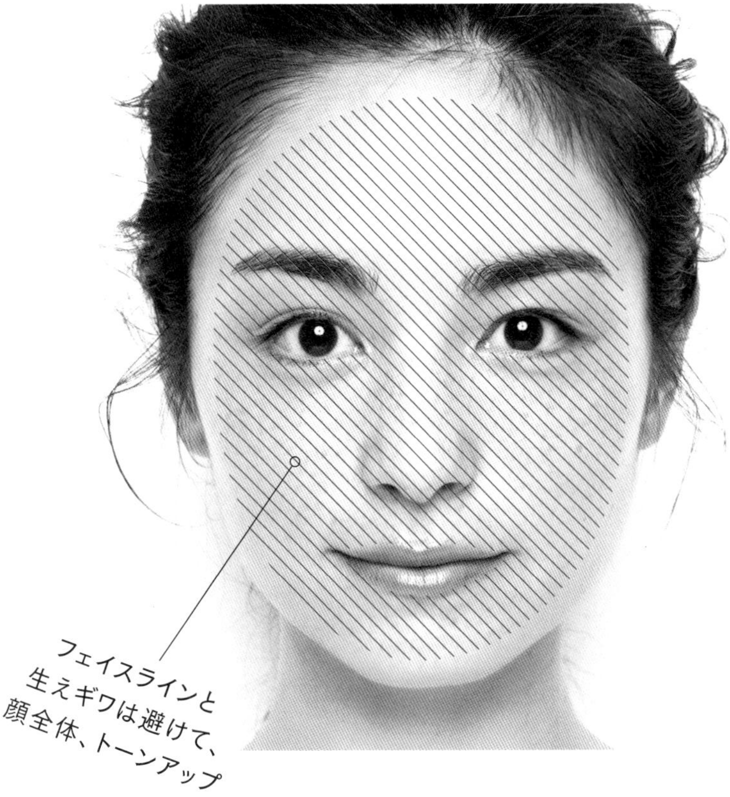
フェイスラインと
生えギワは避けて、
顔全体、トーンアップ

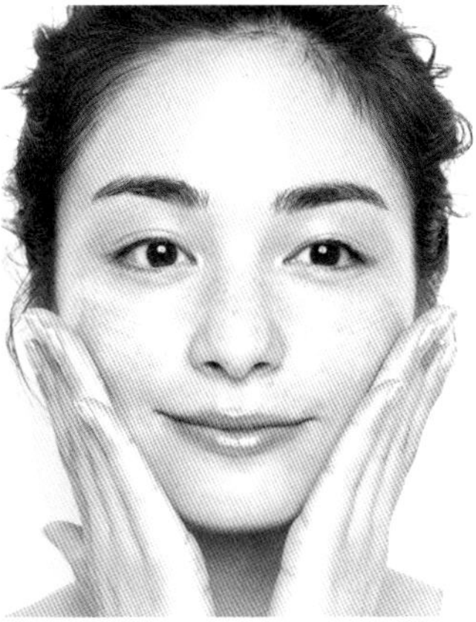

塗り方のポイント

手の広い面を使って素早く広げる

化粧水や乳液を
なじませるような感覚で
塗りこまず、すべらせる!

ホワイト下地の塗り方 超丁寧プロセス!

下地 ◀ ファンデーション ◀ コンシーラー ◀ チーク ◀ フェイスパウダー

スタンバイ!

白を効かせたい!
だから量は多め

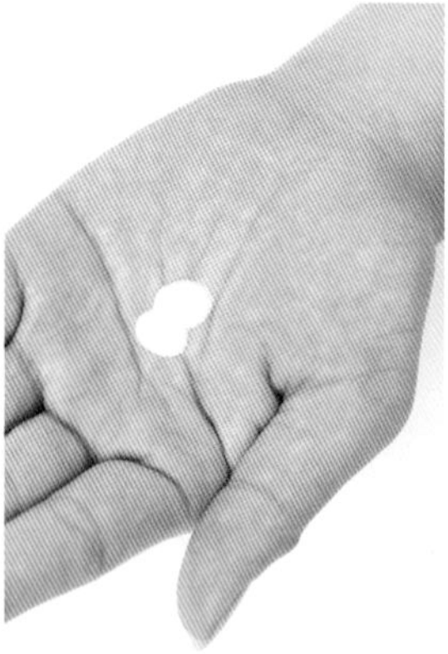

白ならではの発光感で顔全体を包みたいので、全顔で2プッシュ(小豆3粒分)。

1 大きめ〝ナルト〟を3面置き

両頬と額の中央にのせて、そこから中指でうず巻きを描くように広げながらのばす。

2 両頬、同時に! サッと素早くのばす

指先から指のつけ根までを使って、〝ナルト〟を外側へのばし、頬全体に広げる。

カバーする範囲で量を調整

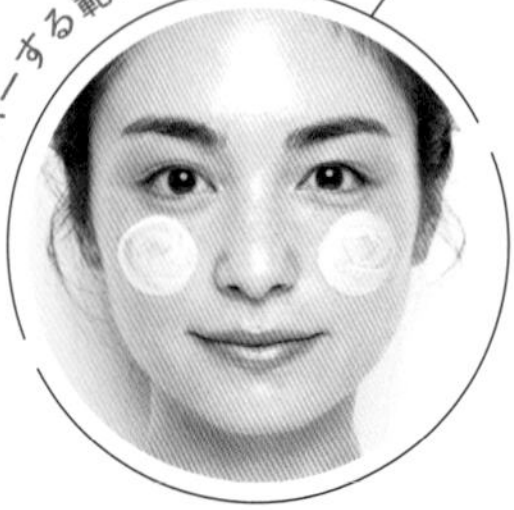

塗る面積に合わせて、目安は、右頬:左頬:額=1:1:0.7。

P22で紹介したアイテムを使って!

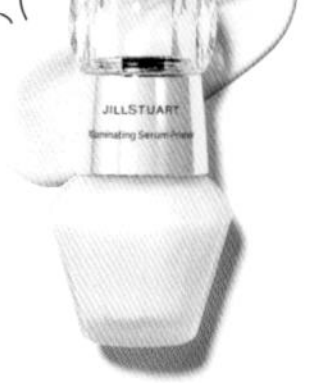

＼ 名づけて ／

スピード勝負塗り

下地は乾くとムラになるので、顔全体に塗るときはスピード優先で。
まず、点ではなく〝ナルト〟状に広げながらのせ、指の先からつけ根の部分までを
使ってスキンケア感覚でのばすことで、ムラづきを防げます！

3
額も両手を使って スピーディに

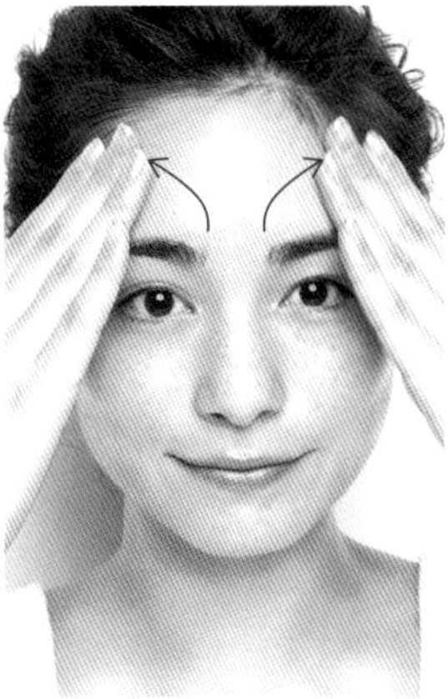

〝ナルト〟を生えギワへ向かって指の腹を使って広げ、額全体になじませる。

4
指に残ったぶんで 塗り漏れをカバー

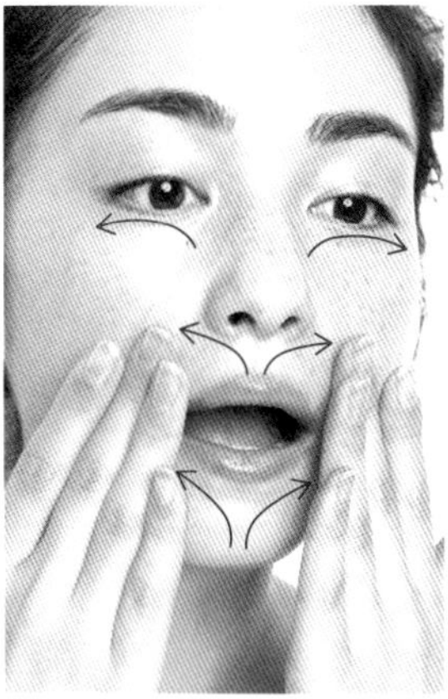

目のキワ、鼻、口のまわりなど塗り漏れ部分をつなげるように指を細かく動かす。

5
手のひらで包んで フィット感アップ！

指と手のひらを使って、顔全体を優しくおさえて、体温で下地を密着させればOK。

変顔で細か〜い部分も

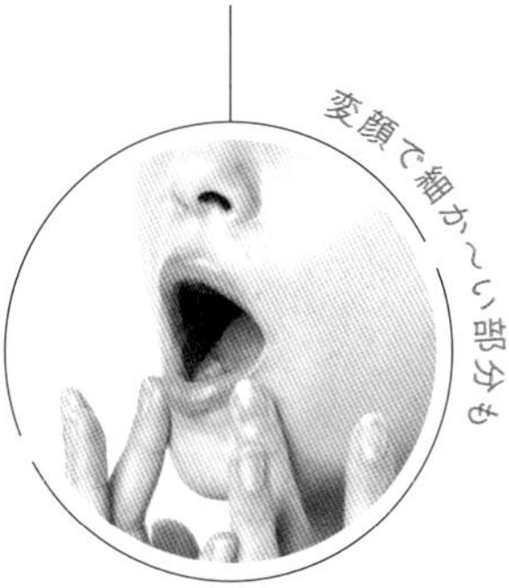

口を大きく開けると、毛穴やシワの凹凸がのびるので、隙間なく塗れる！

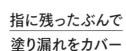

B

コスメ選びのポイント

目まわりを中心にどんよりしている
くすみ肌タイプの人にオススメしたいのは
ピンク下地。
血色もプラスして健康的な印象に。

欲しいのはピンクの
色ではなくニュアンス。
頬にも血色感をプラス

温かみと明るさをオン。ケイト スキンカラーコントロールベース PK SPF20・PA++ 24㎖ ￥1500(編集部調べ)／カネボウ化粧品

type (B)
PINK PRIMER

＼ ピンク下地はココに塗る! ／

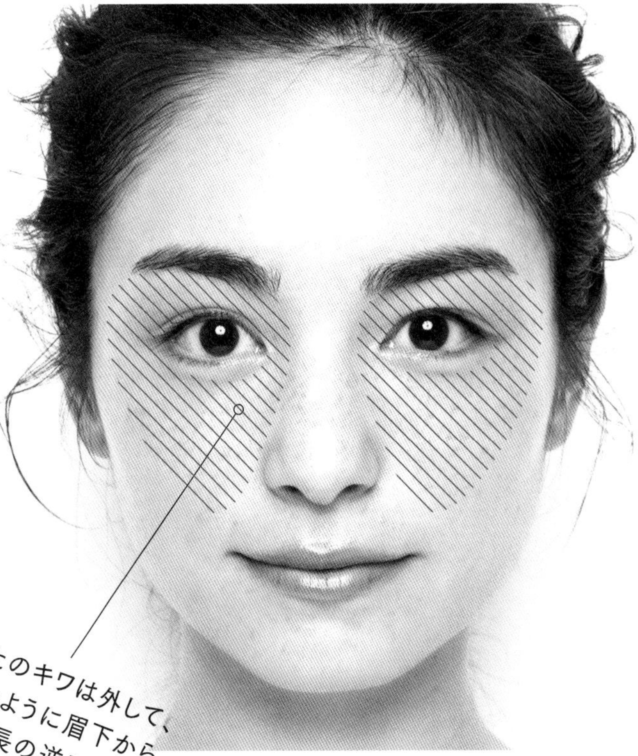
下まぶたのキワは外して、
目を囲むように眉下から
頬まで、縦長の逆三角形に

塗り方のポイント

ジグザグに部分塗りを

左右対称に手をジグザグに
動かして広げ、均一に
なじませるのがポイント!

ピンク下地の塗り方 超丁寧プロセス！

下地 ◀ ファンデーション ◀ コンシーラー ◀ チーク ◀ フェイスパウダー

スタンバイ！

部分的に塗るので
少量で十分！

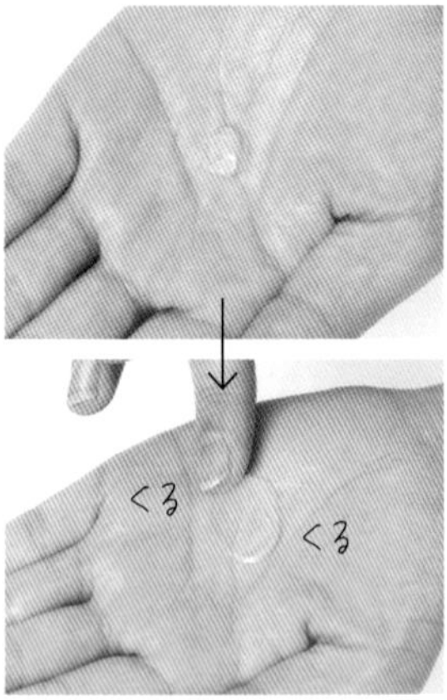

小豆1粒分を手のひらにとり、指で軽くくるくると広げて、体温でゆるめておく。

1

くすみ＆クマ部分に ジグザグ広げる

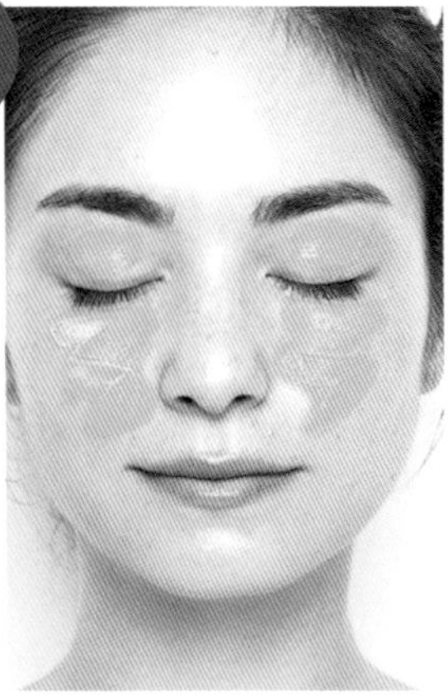

目の下のクマ部分に目幅分のばしてから頬全体に逆三角形に。上まぶたにもオン。

2

両頬はジグザグを 繰り返し、なじませる

ココが重要！

上から下へジグザグと動かし、なじませる。鼻の下をのばして細部にも入れ込む。

下まぶたのキワは外す！

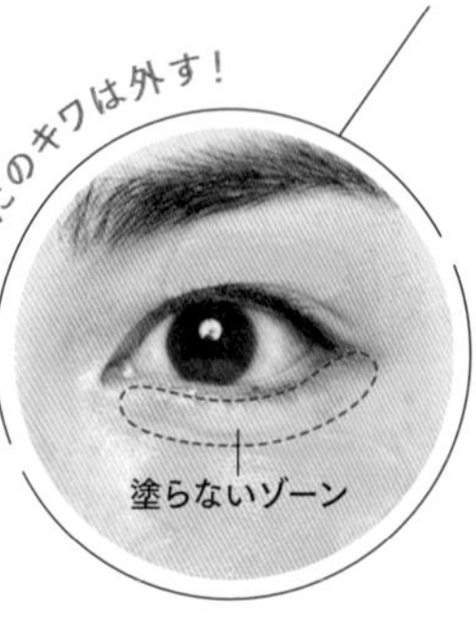

下まぶたのキワに塗ると目元の立体感がなくなるので、涙袋の下から。

P26で
紹介したアイテム
を使って！

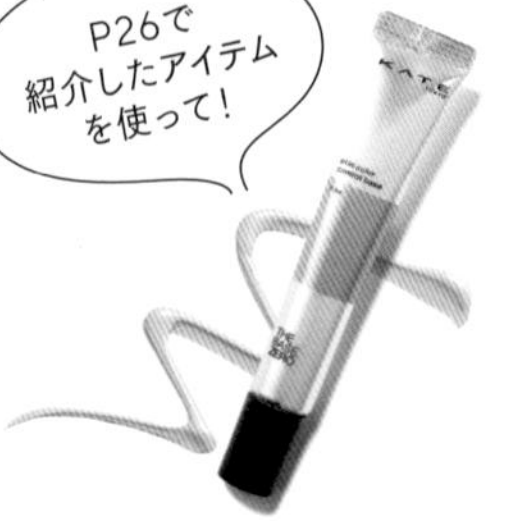

＼ 名づけて ／

イナズマ三角塗り

くすみやクマが目立つ顔の正面だけに絞って塗りたいので、
イナズマを描くようにジグザグと。広範囲に目立つクマは
しっかりと、頬は外にいくほど薄くなるよう自然にカバーできると同時に、
顔の側面まで不必要に広げずにすむのがメリット。

3
トライアングル塗りで端をぼかす

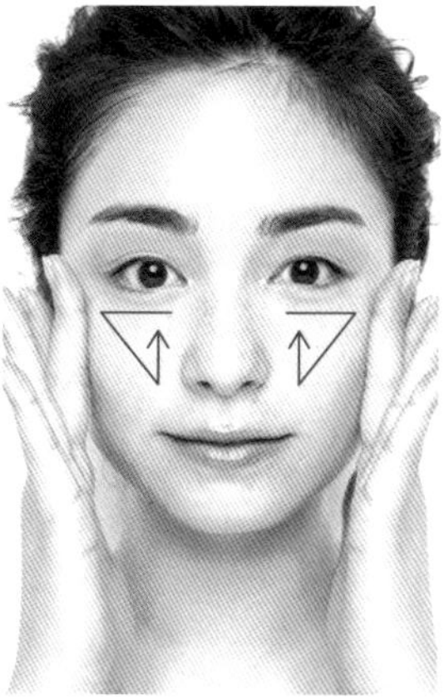

塗った部分と素肌との境目がなじむよう、下地と肌の境目にそって三角に指をすべらせる。

4
上まぶたもなじませ、くすみをオフ！

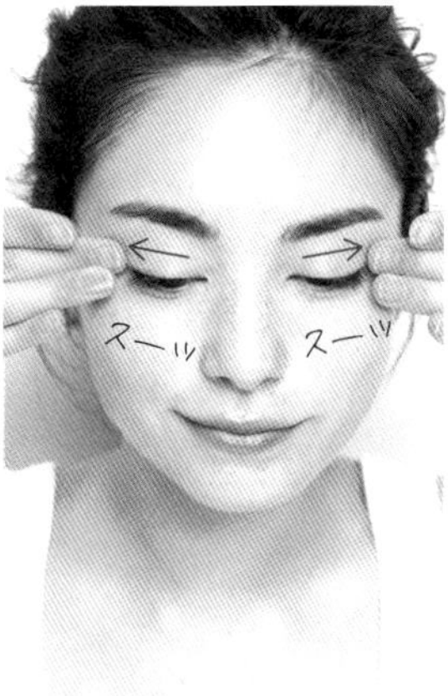

目頭から目尻へ、まぶたの丸みをなでるように指を軽く動かし、なじませる。

5
細かい部分も軽くタッピング

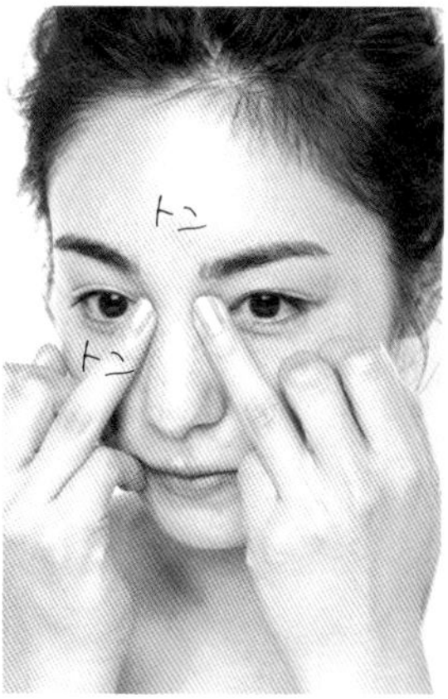

目頭の内側から鼻筋にかけての凹みは塗り漏らしがち。指に残ったぶんをなじませて。

メイクのギモン

Ⓠ なんでピンク下地は全顔に塗っちゃダメなの？

Ⓐ ほてり感や膨張感が強調されてトゥーマッチ！

ホワイト下地と同じようにトーンアップ効果はありますが、全顔に塗ってしまうと血色感アップ＆膨張効果が際立ちすぎて、赤みが強く出たり、顔を大きく見せる可能性大。部分塗りがオススメです。

C

コスメ選びのポイント

毛穴やキメの粗さが目立つ
凹凸肌タイプの人は
毛穴カバー下地で埋めて、
ならして、つるんとした肌を装って。

type (C)

PORES COVER PRIMER

パテ効果で凹凸を埋めて均一に。全顔に塗っても乾かない保湿力もマスト！

ジェル→パウダーに変化し、サテン肌に。トップ シークレット モイスチャーエクラ 40㎖ ￥8000／イヴ・サンローラン・ボーテ

\ 毛穴カバー下地はココに塗る! /

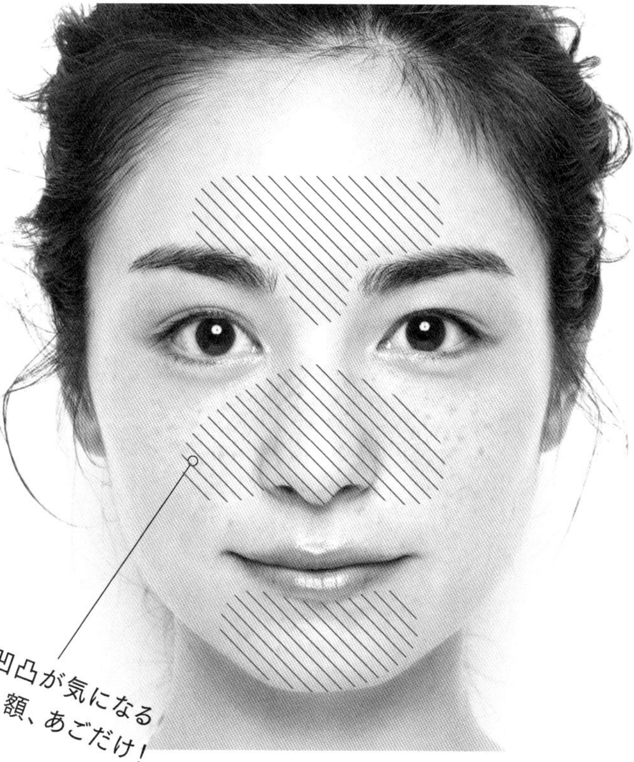

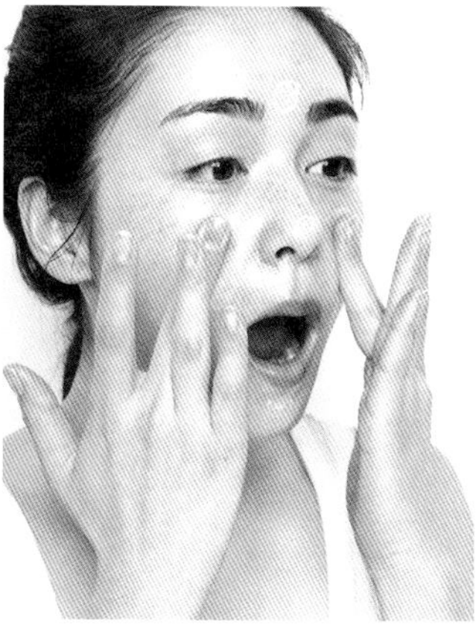

塗り方のポイント

毛穴をのばしてすり込む

変顔をして毛穴をのばし、
くるくるすり込んで
毛穴を埋め込むイメージ!

毛穴カバー下地の塗り方 超丁寧プロセス!

下地 ◀ ファンデーション ◀ コンシーラー ◀ チーク ◀ フェイスパウダー

スタンバイ!

少量を手のひらで柔らかく!

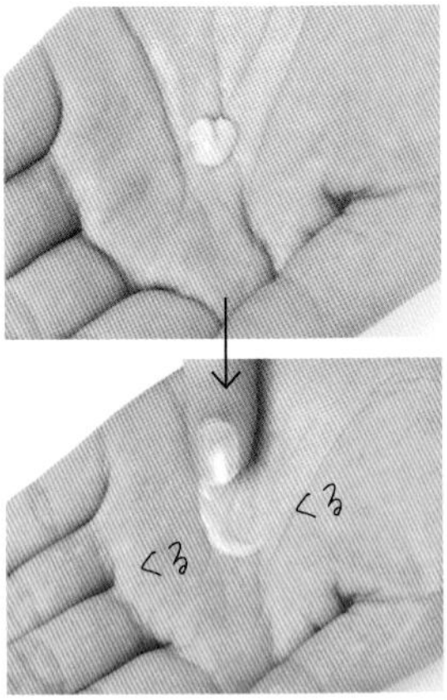

小豆1粒分を目安に。硬い質感のまま塗らず、指でくるくるとほぐして体温でゆるめる。

1

小さな"ナルト"を5点置き

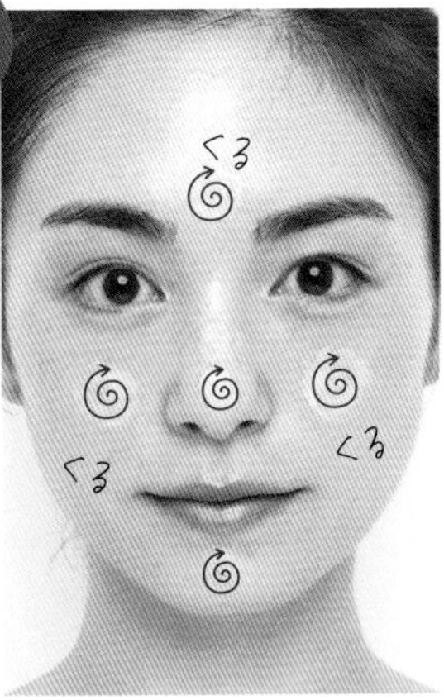

毛穴や凹凸を隠したい鼻、両頬、額、あごに小さなうず巻きを描きながら、置く。

2

頬は、口を大きく縦に開けて

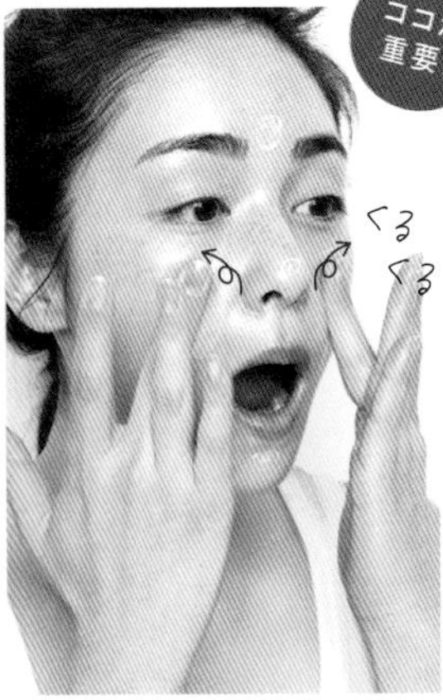

頬の毛穴をのばした状態で、左右同時に指を小さくくるくるさせ、毛穴を埋める。

P30で紹介したアイテムを使って!

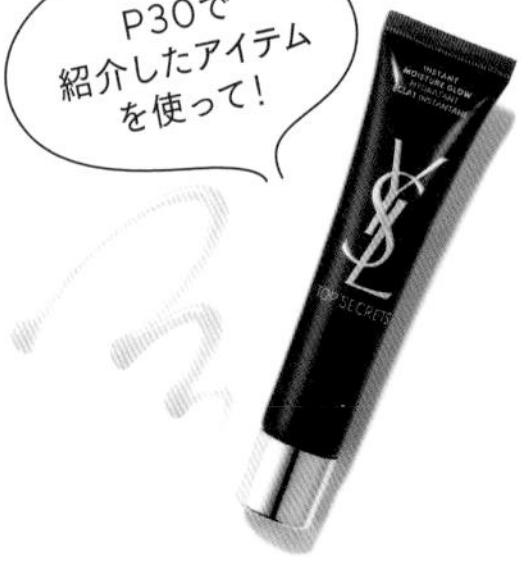

＼ 名づけて ／

小きざみタイフーン塗り

凹凸が気になる部分をならすのが目的なので、最初から最後まで磨きをかけるように指を小さくくるくると動かしてなじませて。毛穴をしっかり埋め込みたいので、毛穴がのびるように思いっきり変顔すると◎。

3

額は、センター中心になじませる

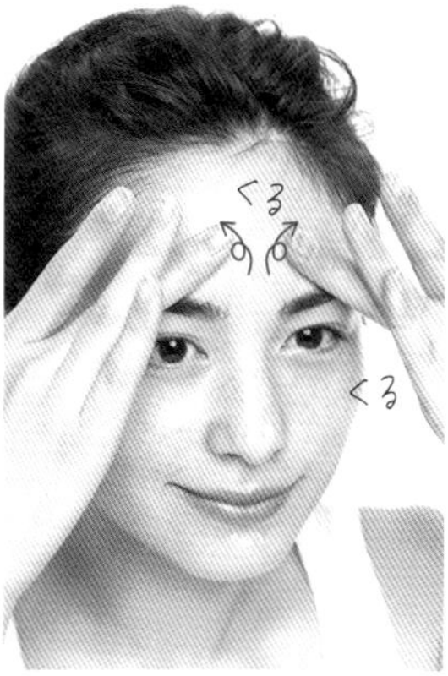

額にのばすときは、普通の表情でOK。ここも左右同時に動かして素早く広げる。

4

鼻まわりは鼻の下をのばして

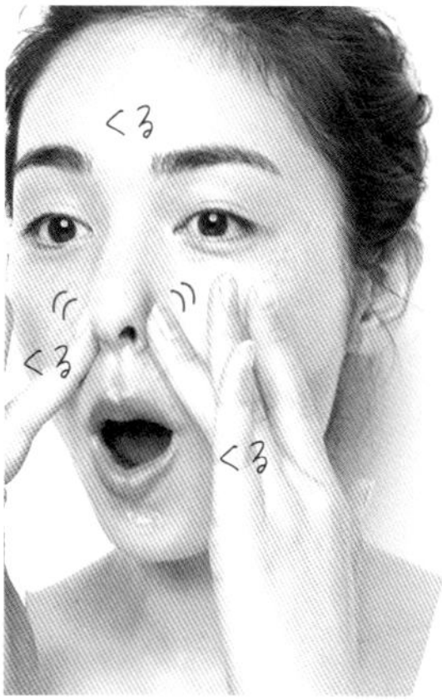

ここも変顔をつくってやさしくすり込むように。小鼻は丸みにそって指を動かすと◎。

5

あごをのばしてくるくると

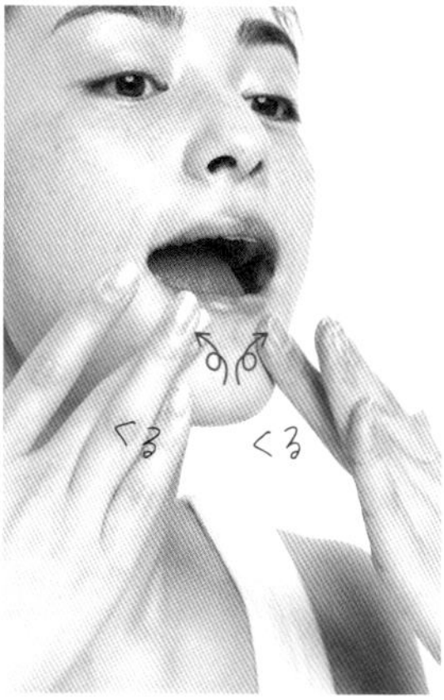

下唇と前歯の間に舌を入れてきちんとのばしてから、なじませて。

メイクのギモン

Q 毛穴カバー下地って他と何がちがうの？

A 色ではなく質感がなめらかに

ホワイトやピンクなどの下地は、色の補整がメインなのに対して、毛穴カバー下地は質感をなめらかに整えるのが役目。そのため、スーッとのばさず、毛穴を埋め込むようにくるくるする必要があります。

Q

カバーしたい悩みが2個以上あるときは?

A

タイプの異なる下地を組み合わせてOK!

「チャートでピンク下地になったけど、どうしても毛穴が気になる」「途中でかなり迷った」など、カバーしたい悩みが複数ある場合は、2つ、3つと重ねてOK! ただし、ひとつ塗るごとに鏡を30㎝離した状態で見て、悩みが気にならなくなったら、そこでストップして。

塗る順番は……

毛穴カバー下地

←

ホワイト下地

←

ピンク下地

先に毛穴カバー下地で質感を整えてから、
色を補整するホワイトやピンクの下地を。
もし全体のトーンも、目まわりのくすみもどっちも
気になるなら、まずホワイト下地を全体に塗ってから、
一旦鏡を見て、まだ目元のくすみが目立つ場合のみ
ピンク下地を部分的に重ねましょう。

ファンデーション

ファンデーションで
つくるのは、
ツヤと立体感。

「ファンデーションは何がいいですか?」と皆さんによく聞かれますが、
今のファンデーションはどれも優秀。ツヤさえ出れば、なんでもいいんです。
大切なのは、塗り方。進化した長井式のメソッドでは、
まず、うすく全体に塗り広げてツヤを与えてから、
目頭の下から頬骨の上あたりまでの範囲だけ、しっかりと重ねます。
ここにファンデーションを盛ることで、立体感がアップすると同時に、
しっかりと肌悩みがカバーされてなめらかに見えるので、
うす塗り印象のまま、〝もともと肌がキレイな人〟を印象づける仕上がりに。

オススメのファンデーションは……

ウェット系なら実は、なんでもOK!

コスメ選びのポイント

B クッション

手を汚さずに塗れて
モバイル力、バツグン。
お直しにもぴったり。

C エマルジョン

クリーミィな質感で
カバー力が高め。
悩みが多い人向き!

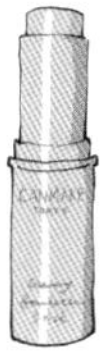

D スティック

くずれにくい傾向あり。
スポーツなどの
シーンにもオススメ。

ツヤと持続力など
必須要素の
バランス◎

A リキッド&クリーム

一番スタンダードで
色展開も豊富。
お気に入りが見つかる!

エスプリーク シンクロフィット リキッド UV SPF25・PA++ 30g 全7色 各¥3200(編集部調べ)/コーセー

今は、悪いものを見つけるほうが難しいんです!

スーッとムラなくのびることは、もはや標準スペック。どれでもきちんと保湿(☞P108)してから、ハウツーどおりに塗れば、ツヤ肌に!

NG!

手で塗っている人が多いけど……

長井テクに
ぴったりな
唯一無二の
弾力!

簡単に均一塗りが叶うしっかりとした厚みが魅力。バリュースポンジダイヤ 6P ¥380/ロージーローザ

スポンジは
両面使ったら
洗う!

スポンジ塗りがオススメ!

均一に圧がかけられて、塗った場所にファンデーションを密着させられます。手だとファンデーションが移動しすぎたり、指の跡が残ってムラになることも。

＼ 塗る場所をCHECK! ／

STEP2

目の下の
“美肌ゾーン”に
重ね塗り

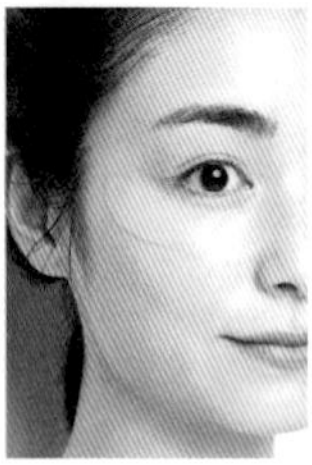

STEP1

うすく
全体塗り

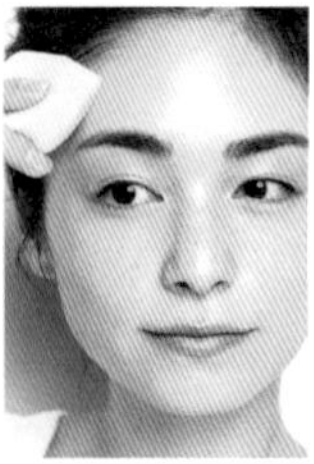

メイクのギモン

Q なぜ美肌ゾーンに重ね塗りするの!?

A 美人印象を左右する領域だから!

美肌ゾーンの印象＝肌全体の印象。ココがツヤッとなめらかだと肌全体がキレイに見えるうえ、頬骨の高さが強調されることで立体感も激増し！　つまり美人度まで左右します。

Q 美肌ゾーンって!?

A 目頭の下から頬骨の上までのゾーン

頬骨にそって、目頭の下から頬骨の上まで繋げたゾーン。他人から視線を集めやすい美肌づくりの要である一方で、クマやくすみ、シミや肝斑、小ジワと悩みが多発しやすいエリア。

ファンデーションの塗り方 超丁寧プロセス!

下地 ◀ ファンデーション ◀ コンシーラー ◀ チーク ◀ フェイスパウダー

STEP1 うすく全体塗り

スタンバイ!

ちょっと多めの
100円玉大

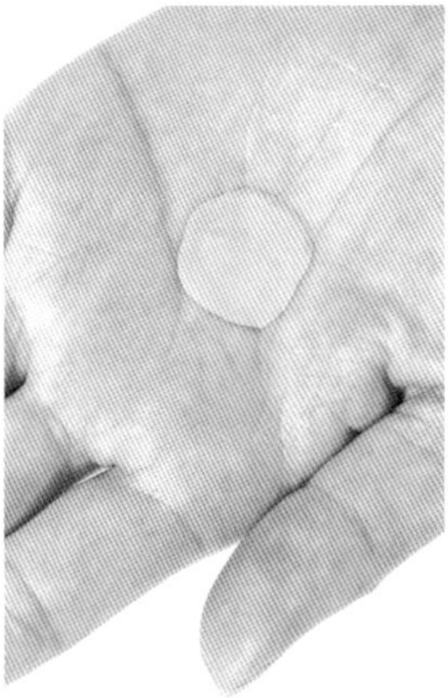

スポンジに吸収されるぶんを計算すると100円玉大が適量。手のひらにとる。

1 塗る面積に合わせて〝ナルト〟置き

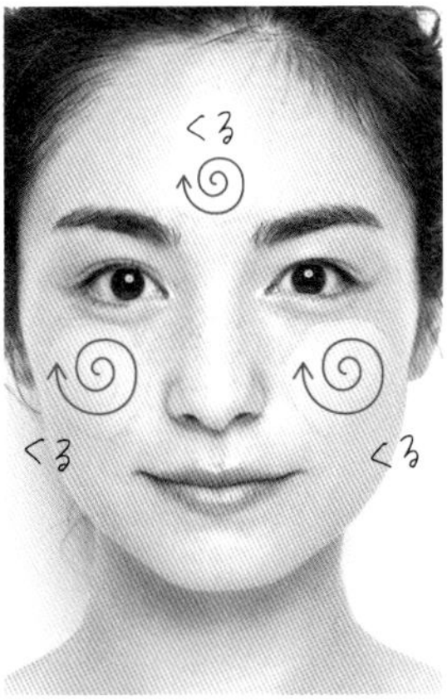
くる
くる
くる

シミやくすみが少ない額は少なめ、頬は多めで。大きめのうずを描くように手でのせる。

2 スポンジでスーッとのばす

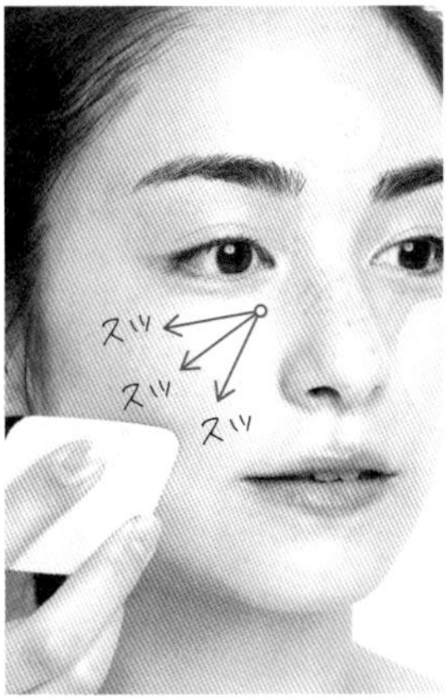
スッ
スッ
スッ

目頭下をスタート位置とし、そこから放射状にスポンジを軽くすべらせる。反対側も同様。

P37で
紹介したアイテム
を使って!

ESPRIQUE
Synchro Fit Liquid
UV
KOSÉ

まだまだ続きます

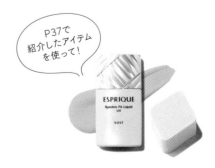

下地 ◀ ファンデーション ◀ コンシーラー ◀ チーク ◀ フェイスパウダー

\引き続き!/

STEP1 うすく全体塗り

3 額は上に向かって放射状に

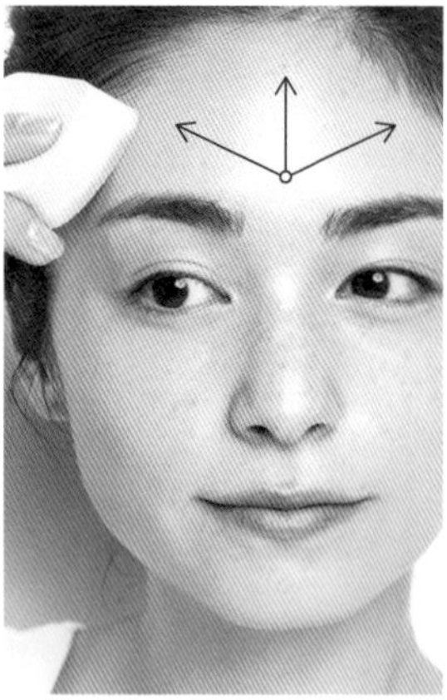

中心部から生えギワに向かって、頬と同じようにスポンジを軽くすべらせて。

4 鼻は上から下へすべらせて

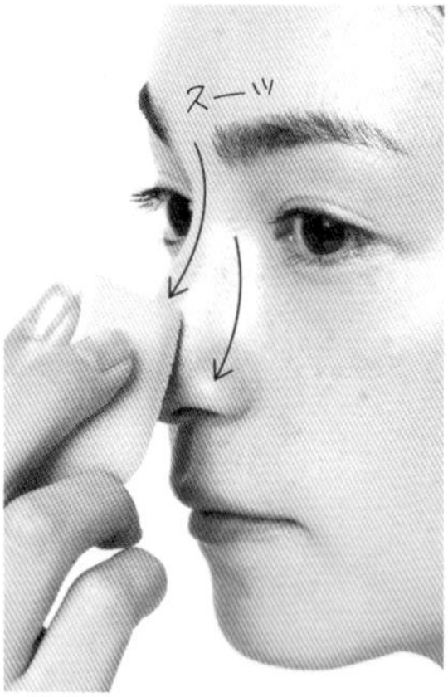

ファンデーションを足さず、そのままのスポンジで鼻筋、鼻のサイドになじませる。

残りはしみしみスポンジで!

スポンジにしみ込んだファンデーションを塗っていくイメージで、頬や額に広げたときになじませた面を使って。

5 小鼻のキワはスポンジの先端で

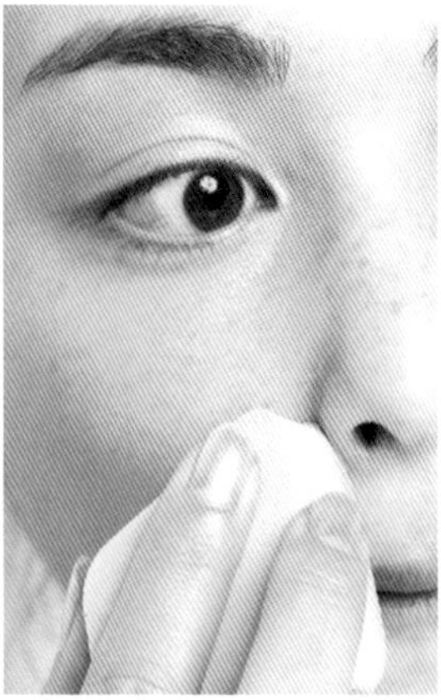

小鼻のカーブにそってスポンジを動かし、鼻の下やほうれい線にもなじませる。

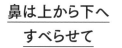

6

口角の下はさするように軽く

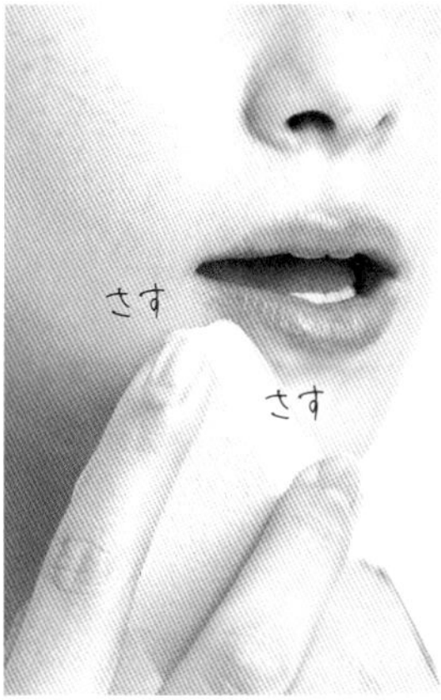

口角は唇の輪郭のアウトラインをなぞるように軽くなじませて、あごまでのばす。

7

いちばん薄くしたいまぶたは最後！

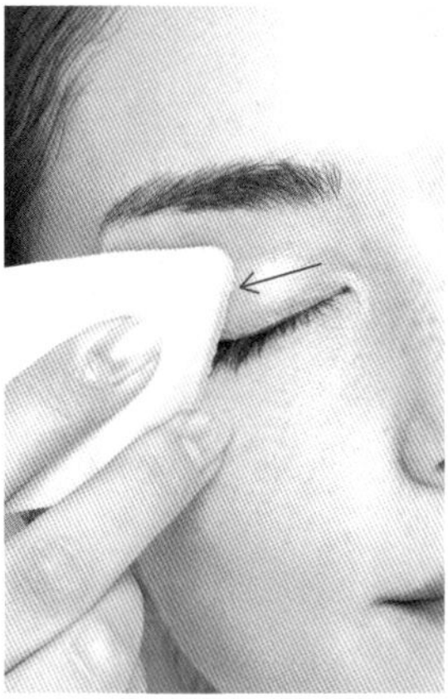

スポンジのファンデが残り少なくなったらまぶたにオン。内から外へとすべらせて。

ここまででこの状態！

顔全体がツヤっぽく

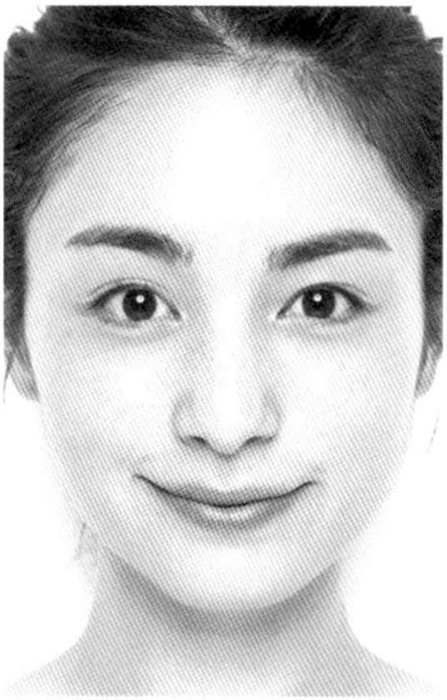

頬や額など高い部分はカバーし、生えギワや輪郭はほぼ塗ってない状態で◎。

まだまだ続きます

STEP2 目の下の美肌ゾーンに重ね塗り

8 追いファンデは1円玉大

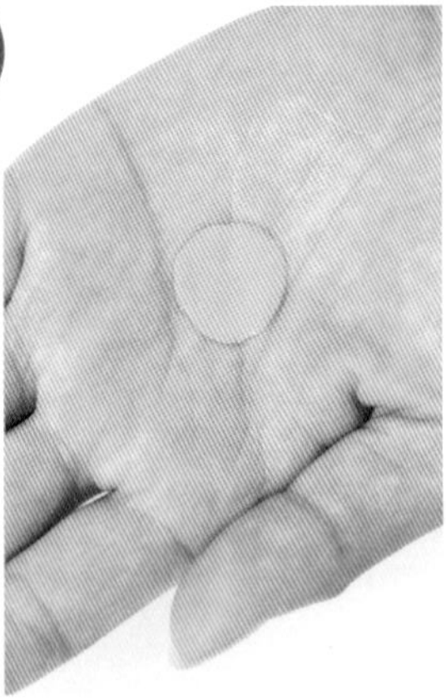

目頭の下から頬骨の上にかけての両頬の美肌ゾーンに重ねるぶんを手のひらに出す。

9 半量ずつ美肌ゾーンにオン

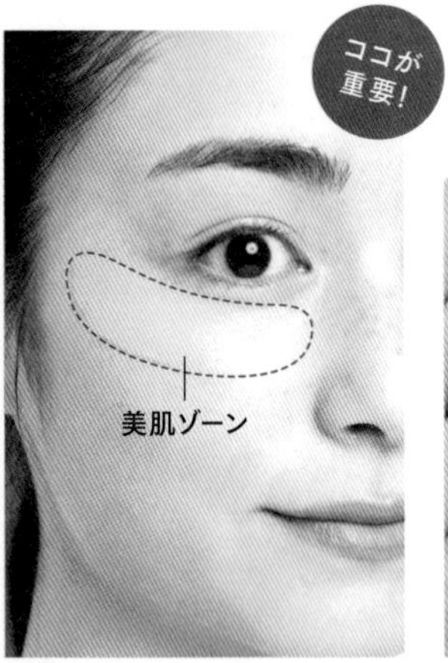

涙袋は避け、目頭の下から頬骨の上あたりまで、頬骨にそうように指をすべらせて塗る。

10 しみしみスポンジでタッピング

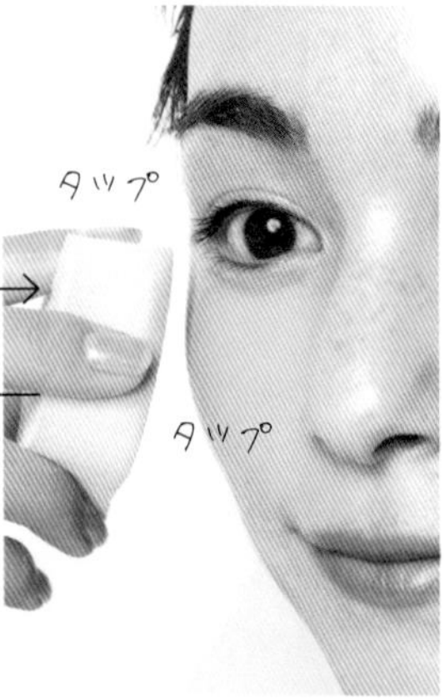

すでにファンデーションがしみ込んだ面をあて、垂直にトントンしてなじませる。

メイクのギモン

Q 重ねるのは美肌ゾーンだけでいいの?

A はい! 美肌ゾーンからはみ出しません!

美肌ゾーンに重ねたファンデーションを、その範囲以上に広げると、せっかくの盛り効果が半減。タッピングも美肌ゾーンにとどめて。

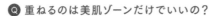

メイクのギモン

Q マットタイプのリキッドファンデでも大丈夫？

A この塗り方ならきちんとツヤが出ます

メイク前のスキンケア（☞P108）でしっかり保湿してこの方法で塗れば、ツヤツヤにはなりませんが、ツヤを感じられるはず！

11

まっさらスポンジでタッピング

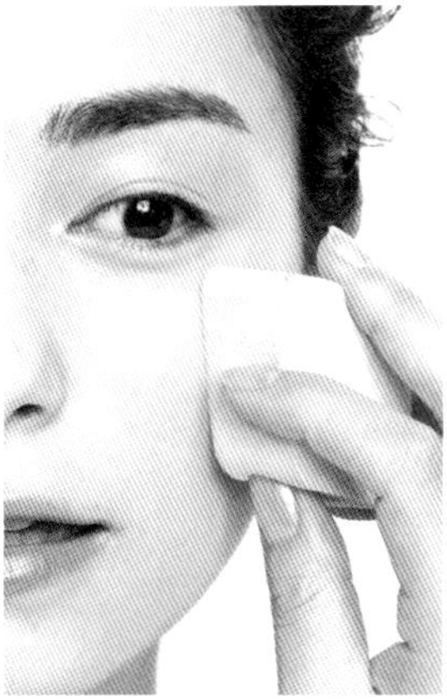

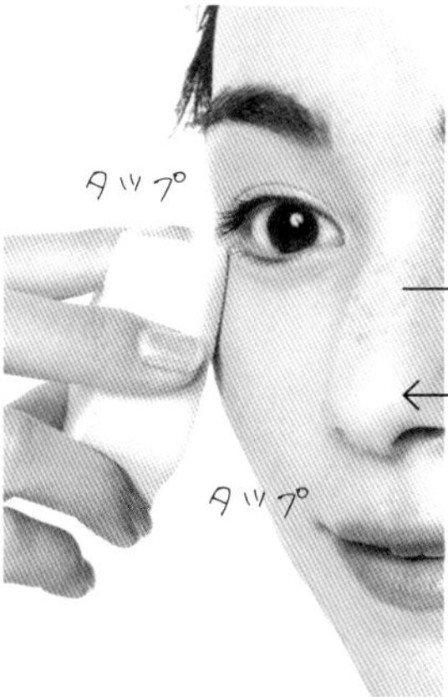
タップ
タップ

ファンデーションがついていない部分で2〜3回トントンし、溜まりやムラをならす。

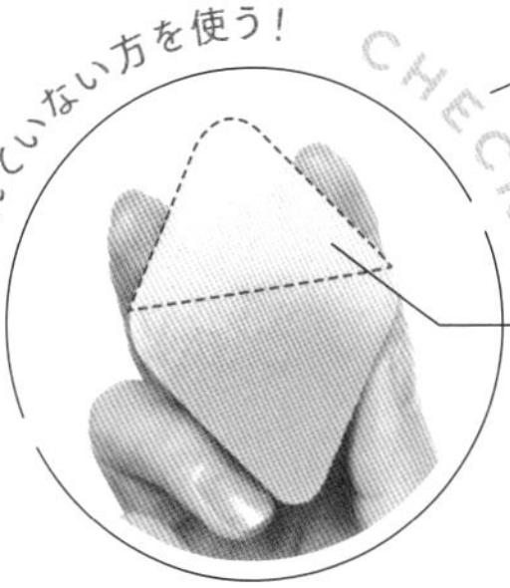
汚れていない方を使う！
CHECK!
こっちを使用！

ムラをならすときは、キレイな面を使用。効率よくなじませられます。

NG!

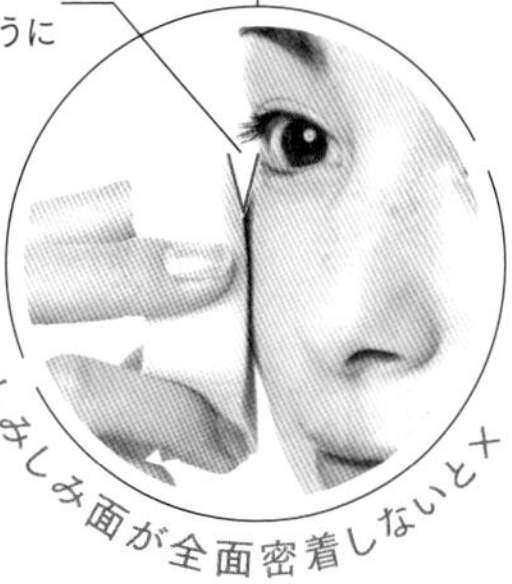
この隙間があかないように
しみしみ面が全面密着しないと×

Finish!

頬の高い位置がツヤッとして美肌！

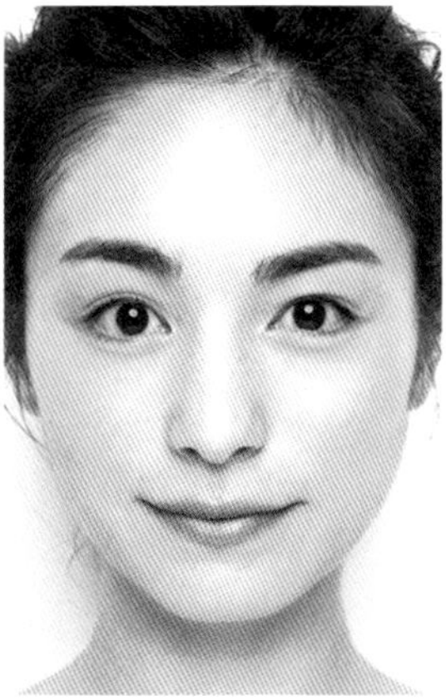

美肌ゾーンがキレイに盛れた結果、全体的なツヤ印象が増し、美しい肌が完成！

悩みが
なかったらとばして
OKです！

コンシーラー

コンシーラーは
必須ではありません。

下地、ファンデーションときたら、次はコンシーラー、と
当然のように考えているかもしれませんが、
本当にコンシーラーが必要か、一度立ち止まって考えましょう！
なぜなら、コンシーラーを肌と自然に一体化させるのはとても難しいから。
ファンデーションを塗り終えた後、鏡を60㎝ぐらい離して
顔全体を見て下さい。60㎝というのは、通常、人と話すときに保つ距離。
それだけ離れたところから見ても気になる強い赤み、ニキビ、
濃いシミだけに限って使うのが、鉄則です。

どんな悩みも隠せるコンシーラーの条件は……

- 濃淡2色以上入っていて、色の調整がしやすい
- 何度も重ねずとも隠せるハイカバー
- 柔らかい質感で肌へのフィット感が高い

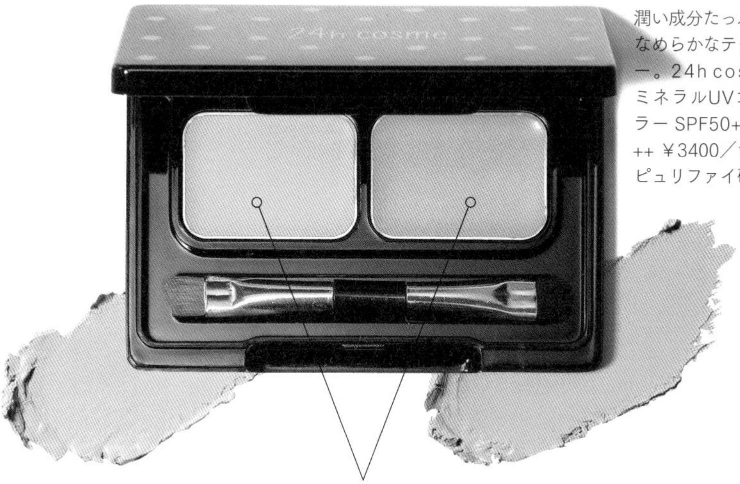
24h cosme

潤い成分たっぷりで、なめらかなテクスチャー。24h cosme 24 ミネラルUVコンシーラー SPF50+・PA++++ ￥3400／ナチュラピュリファイ研究所

濃淡2色をミックスして肌色に合う色をつくりましょう

コンシーラーは、肌になじむかがポイント。濃淡のコンシーラーをどれくらいの割合で混ぜると肌の色とマッチするかを確認しながら進めましょう！

マッチする色とは？

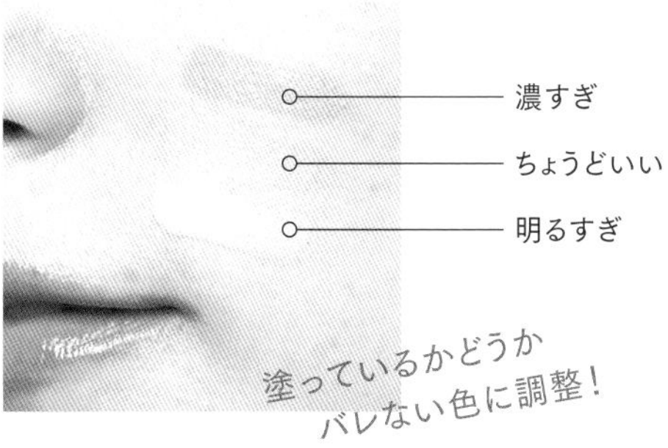
濃すぎ
ちょうどいい
明るすぎ
塗っているかどうか
バレない色に調整！

＼ コンシーラーで隠すべきなのは…… ／

強い赤み、ニキビ、濃いシミの 3つだけ!!

1 強い赤み

小鼻や目のまわりは、無意識にこすることが原因で赤くなりがち。

2 ニキビ

赤みや茶などの色に加えて、ふくらみによる凹凸も目立つ原因に。

3 濃いシミ

頬やあごなど、あちこちに点在。目立つものだけに絞ってカバー。

コンシーラーの塗り方 プロセス!

強い赤み

小刻みにブラシを動かして
まわりの肌と同化

ブラシの柄の先を持って、小刻みに動かす

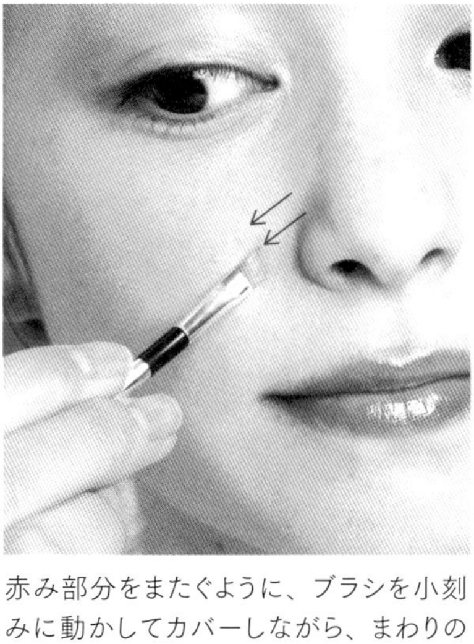

赤み部分をまたぐように、ブラシを小刻みに動かしてカバーしながら、まわりの肌の色となじませる。

P45で
紹介したアイテム

コンシーラーの塗り方 プロセス!

下地 ◀ ファンデーション ◀ コンシーラー ◀ チーク ◀ フェイスパウダー

ニキビ

凹凸の段差に引っ掛けるように
しっかりあてる"ペチペチ塗り"

1

ペチペチと ブラシを押しつける

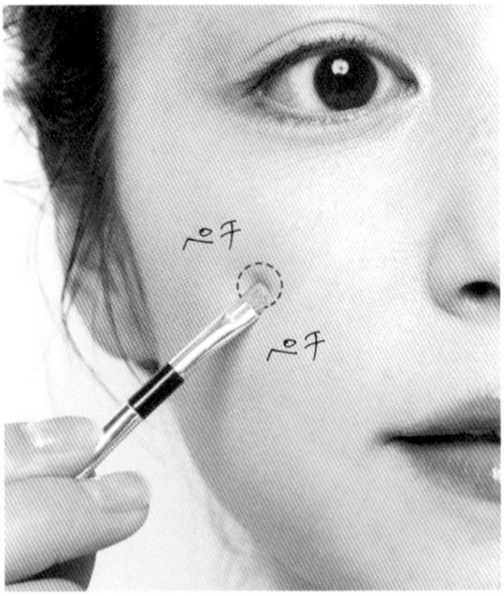
ペチ
ペチ

ニキビの輪郭をまたぐようにブラシを押しつけて離すのを繰り返し、凸部の側面にもコンシーラーをのせる。

2

コンシーラーの輪郭を さすってぼかす

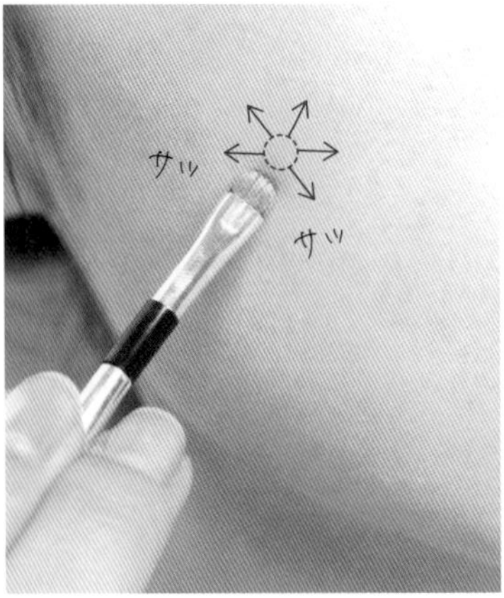
サッ
サッ

中央のニキビ部分には触れないようにしながら、肌との境目から外側へブラシを払うように動かしてぼかす。

P45で
紹介したアイテム
を使って!

濃いシミ

先端を平たくつぶした綿棒で
垂直に"トントン塗り"を

1

綿棒をコンシーラーに直接あてててとる

濃淡2色のコンシーラーに綿棒を垂直に押しあて、肌に合わせて色調整。

綿棒をつぶして平面をつくる!

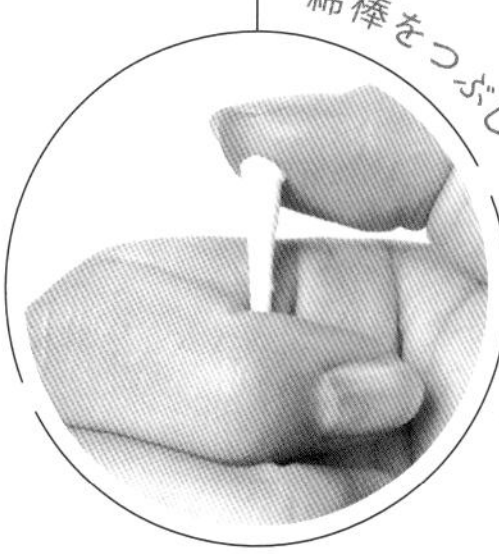

親指で綿棒の先を真上からつぶして、平らな面をつくっておく。

2

シミにも垂直にあてててトントン

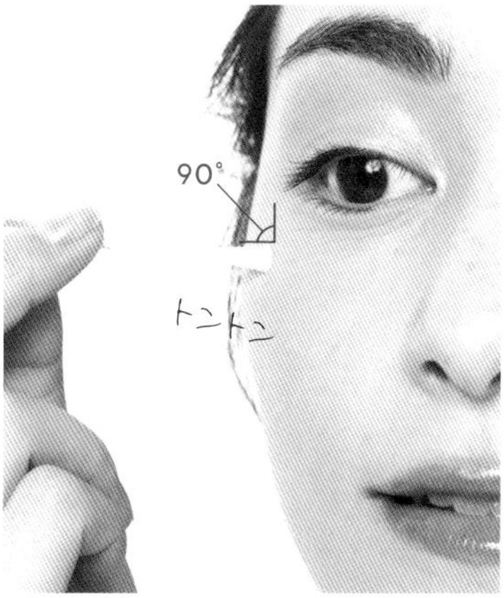

シミの上にコンシーラーをたっぷりのせるイメージで。仕上げに肌との境目を綿棒でさすってぼかす。

チーク

好感度の要である チークは、ベースの段階で “もんやり”と。

今はチークレスなメイクも流行っていますが、
自然な血色感の演出にチークはマスト。
コツは、入れているポジションを鮮明にしないこと。
ヘルシーな肌にもともと潜む血色っぽく見せると自然です。
そのため、ベースメイクの一環として、フェイスパウダーの前が正解。
リアルな血を薄めたような、ちょっぴりくすんだ赤系を選び、
もやーっとうすく広範囲に＆境目をぼんやり曖昧に
＝“もんやり”入れるのがオススメです。

選ぶべきチークの条件は……

- 肌のツヤを消さないクリームチーク
- マットに仕上がるタイプはNG
- 血の色を思わせるくすんだ赤系カラー

本当の血って、こんな色！
だから自然な血色感

長井かおりプロデュース。肌色を選ばない小粋なプラムカラー。オンリーミネラル N by ONLY MINERALS ミネラルソリッドチーク コンプリート 02 ￥3200／ヤーマン

\ もんやりチークはココに塗る! /

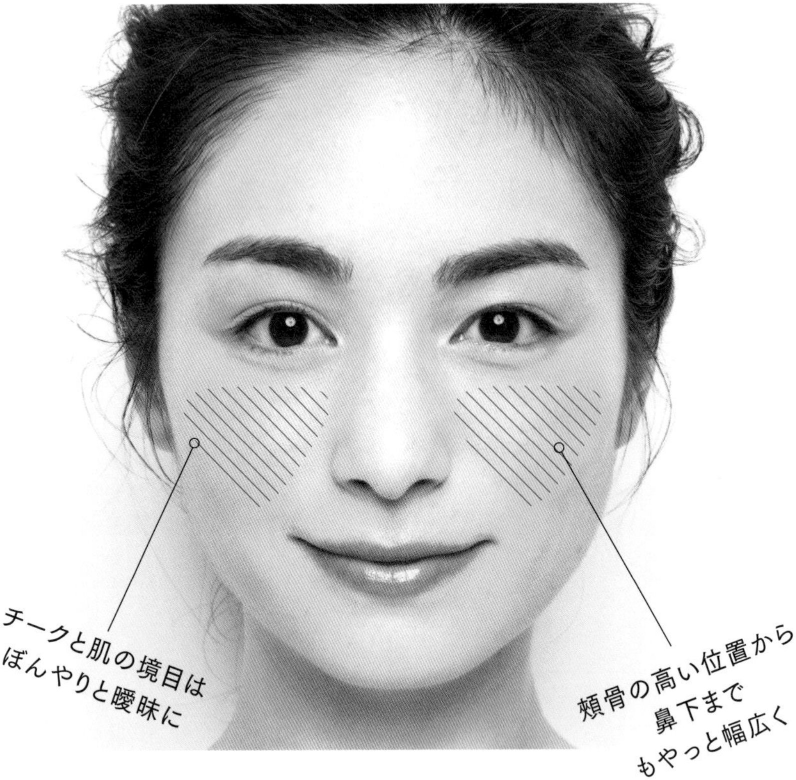
チークと肌の境目は
ぼんやりと曖昧に
頬骨の高い位置から
鼻下まで
もやっと幅広く

塗り方のポイント

スポンジで曖昧に押し塗り

スポンジを肌に軽く
押しつけるように塗ると
ジワッとした発色に

もんやり気配チークのつくり方 超丁寧プロセス!

下地 ◀ ファンデーション ◀ コンシーラー ◀ チーク ◀ フェイスパウダー

1
ファンデーションのスポンジを用意!

ココが重要!

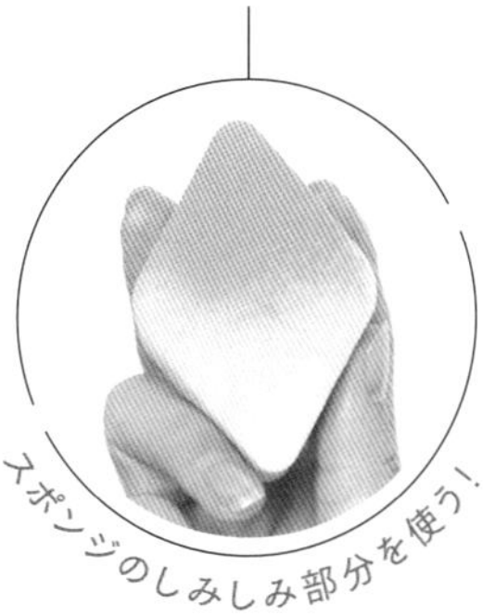

スポンジのしみしみ部分を使う!

ファンデーションの色と混ざることでチークの色がうすまって、つきすぎを防げる。

2
3〜5回を目安にスポンジにこすり取る

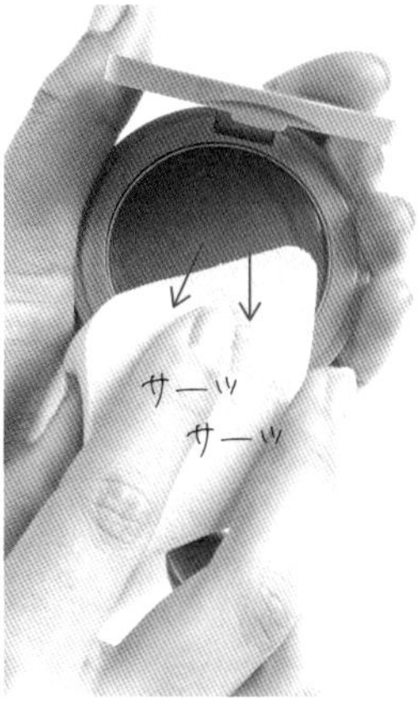

3
しみしみ部分全体にしっかり含んだらOK

P51で紹介したアイテムを使って!

まだまだ続きます

下地 ◀ ファンデーション ◀ コンシーラー ◀ チーク ◀ フェイスパウダー

4. 手の甲でなじませる

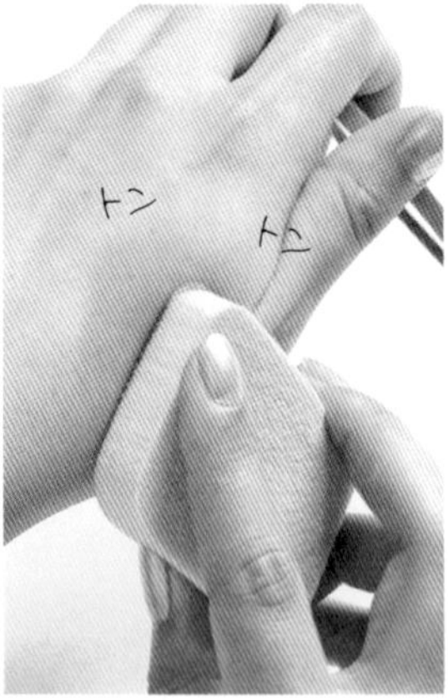

チークを含んだスポンジを約5回を目安に手の甲の上でバウンドさせてから、頬に。

5. ワンタッチ目は目頭の下に

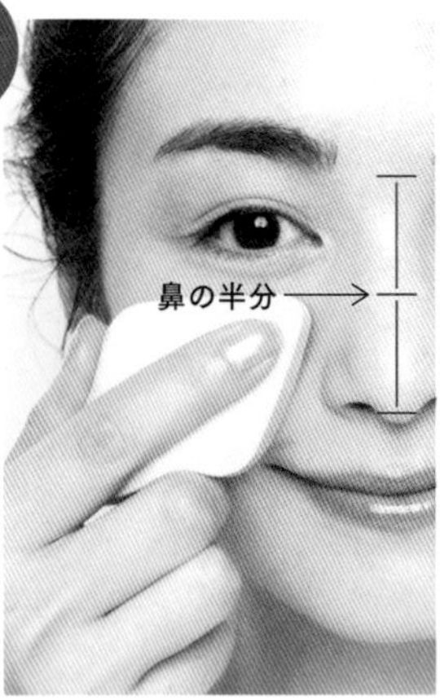

目頭の下の、鼻の長さの中間の高さにスポンジの角がくるように、軽く押しつける。

6. チークの外端は頬骨の高い部分

ココが重要!

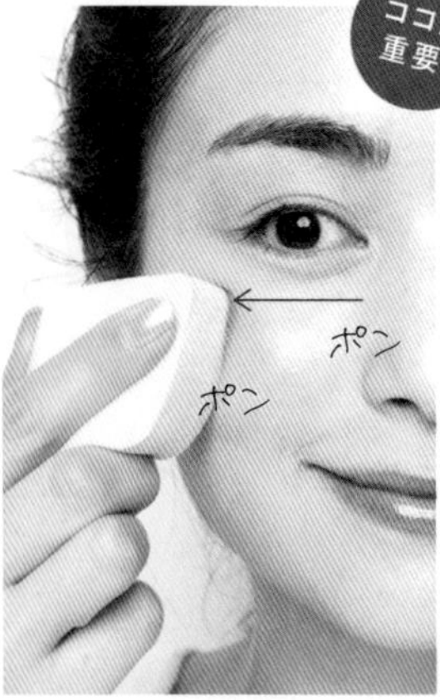

正面から鏡を見たときに頬骨がいちばん高く見える位置までポンポン押し広げる。

メイクのギモン

Q スポンジはどのタイミングで洗うべき?

A 2日使ったら、リセット!

1日目で片面、2日目でもう片面を使ったら、中性洗剤で洗ってよくすすぎ、キレイなキッチンペーパーの上などにおいて乾燥させます。スポンジを2つ用意しておいて、使いまわすと便利です。

メイクのギモン

Q アプリコットカラーではダメですか？

A 安心してください。もちろんOKです。

今までのメイク本などで私がオススメするアプリコットカラーも、好感度が高く、自然な血色をもたらす色なので◎。ただ、あまり存在を感じさせないチークがスタンダードな今の流れを考えて、この本では、より血の色に近いカラーを紹介。塗り方も、よりチーク感を出さずに血色感と好感度だけを高める方法にアップデートしています。

Finish!

頬全体に幅広く血色を感じればOK!

7

チーク下の位置は小鼻のいちばん下

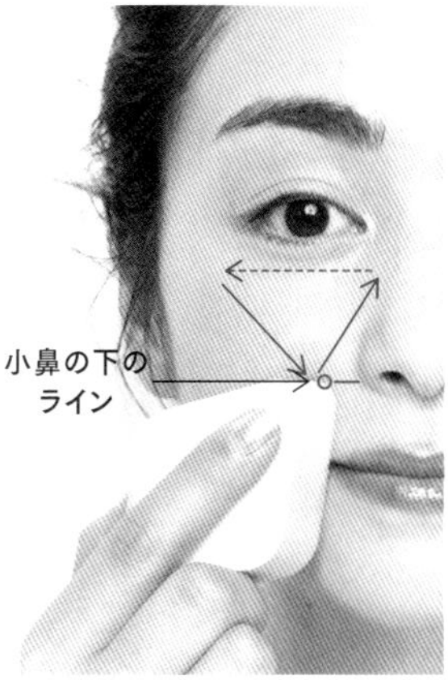

スポンジの角が小鼻のいちばん下のラインにくるまで広げると、ちょうどいい。

NG!

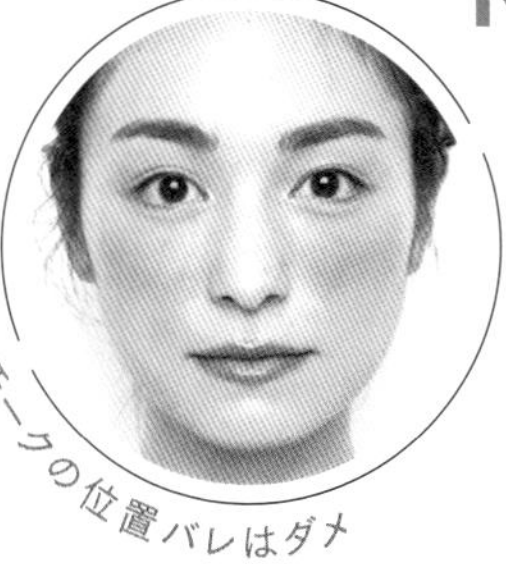

チークの位置バレはダメ

手でつけたり、引きずるようにスポンジを動かして色をのせると、チークの輪郭がくっきりとしてしまいます！

フェイスパウダー

やり直せない
パウダーは
計画的に
塗り分けて。

ファンデーションで与えたツヤを大切に守りきれるかどうかは、
ベースメイクの仕上げ、フェイスパウダーにかかっています。
つい無意識にパタパタとはたきがちですが、お粉は1回つけたら
後には戻れないからこそ、事前にどこにどうやってのせていくかを
冷静に確認してから、実際にフェイスパウダーをのせることが大事。
くずれやヨレが気になる部分には、きっちりと粉をのせていき、
その他の部分は、ほわほわと軽やかに。
この塗り分けが、ツヤを消すことなくメイクもちを高めるコツです！

選ぶべきフェイスパウダーの条件は……

- 粒子が非常に細かくて肌なじみがいい
- 無色透明になり、ツヤを残すルーセントタイプ
- メイクもちをよくしながらも、乾燥しにくい

上質なツヤを一瞬で。
毛穴も目立たず、最高！

ファンデーションの質感を生かしたまま、ふわりと溶け込み、美しさをキープ。ルナソル エアリールーセントパウダー 00 ￥4500／カネボウ化粧品

\ フェイスパウダーはココに塗る！ /

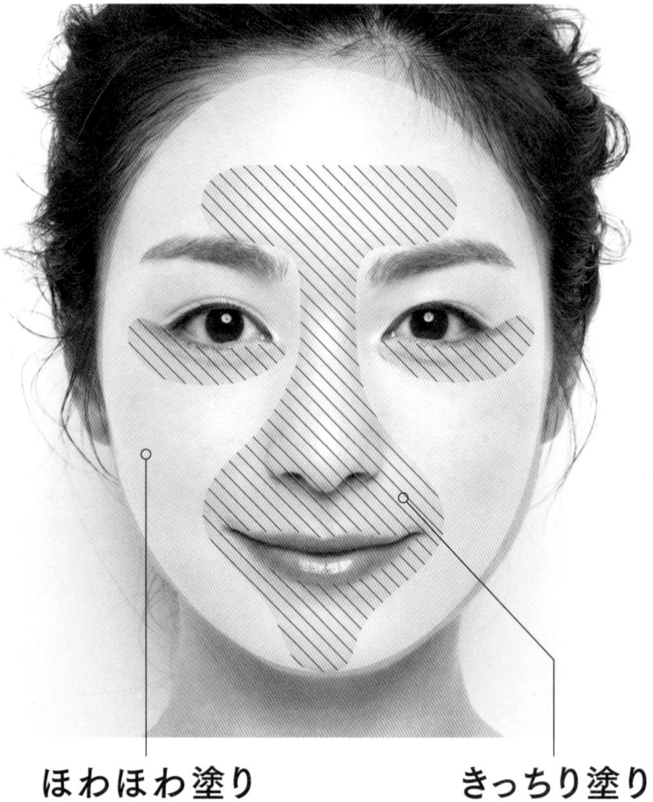

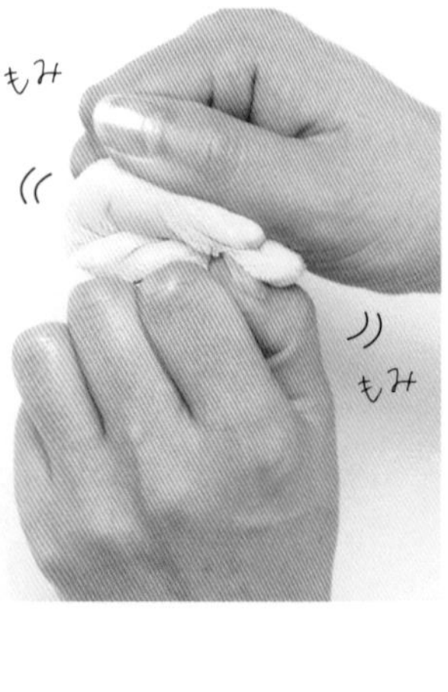

スタンバイ

パフにしっかりとなじませる！

粉をつけたらひたすら
もみ込んで、パフの
すみずみまで行き渡らせて

フェイスパウダーの塗り方 プロセス!

下地 ▶ ファンデーション ▶ コンシーラー ▶ チーク ▶ フェイスパウダー

きっちり塗り

二つ折りしたパフの折り目で圧をかけて押さえこむようにし、フィット感アップ。変顔をつくってすみずみまで行き渡らせるのも大切!

1
小鼻のキワは鼻の下をのばして

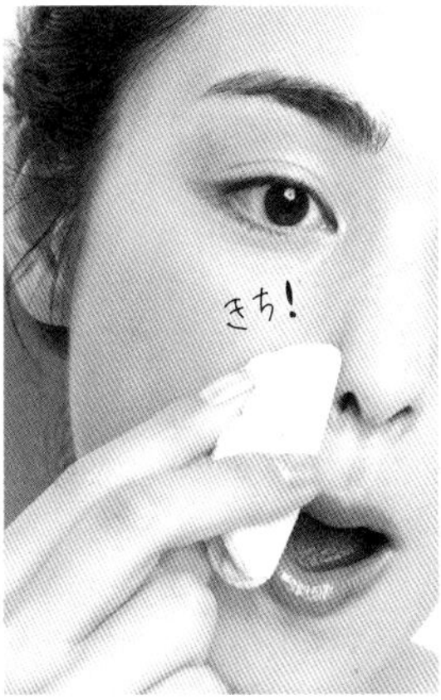
きち!

鼻の下をのばした状態で、パフを押しあてて、鼻のキワやシワの溝まで塗り込む。

2
目のキワギリギリもくいっと押しあてて

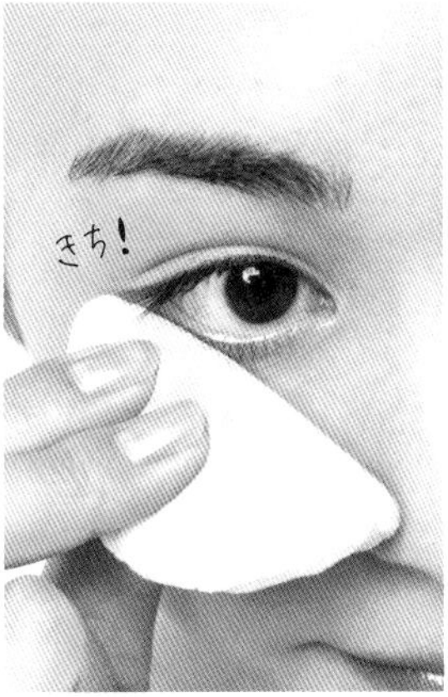
きち!

マスカラやアイライナーが落ちてパンダ目になりやすい目の下にもパウダーを。

ほわほわ塗り

ツヤを消さないよう、ごく微量のパウダーをオン。パフは、肌に軽く触れる程度に優しく。

3
"無圧"でパフが軽く肌に触れるだけでOK

ほわ〜

皮脂が少なくメイクがくずれにくい頬などは少量でOKなので、とにかく軽く軽く。

P57で
紹介したアイテム
を使って!

ベースメイク完成！

“端整で清らかなツヤ肌は
好感度が高く、無敵です”

“ツヤッとなめらかで トラブルレスな美肌に 偽装できます！”

下地の使い分けと
ファンデーションの美肌ゾーン盛りで、
厚塗り感を出すことなく
肌全体がなめらかで美しい印象に。
〝もとから肌がキレイな人〟と
錯覚させる理想の仕上がりです。

“透明感と立体感、 血色感のすべてが 手に入ります”

ツヤによって透明感が宿り、
ここには塗る、塗らない、
圧をかけて塗る、軽く触れるだけ、
とメリハリをつけることで立体感が
生まれます。仕込みチークによる
滲み出るような血色感も加え、
美人な肌要素を詰め込みました！

もっとあります

長井のお気に入り

FAVORITE ITEMS

ITEMS:01

ホワイト下地

透ける白のニュアンスで
さりげなく明るく！

肌に溶け込み、透明感アップ。ステージ パフォーマー ブロック:ブースター カラレス SPF50・PA+++ 30mℓ ¥4500／シュウ ウエムラ

ITEMS:02

ホワイト下地

白がきっちり効いて
スキンケア後の透明肌に

美容液成分85％配合。透明感のある肌に。米肌 つやしずく スキンケアベース 04 SPF30・PA++ 20g ¥3200／コーセープロビジョン

ITEMS:03

ピンク下地

潤い力が高いから
ツヤツヤもちもちに

きっちりと色づき、血色よく。モデリング カラーアップ ベース PK100 SPF25・PA++ 30g ¥4500／エレガンス コスメティックス

ITEMS:04

ピンク下地

まるで〝輸血〟ベース！
ガツンと血色を注入

しっとりとなじみ、くすみや色ムラを一瞬でなかったことに。AQ コントロールカラー 01 SPF25・PA++ 20g ¥5000／コスメデコルテ

ITEMS:05

毛穴下地

テカる"脂"毛穴が
スーパーサラすべに

ジェル→サラサラに変化。毛穴をぼかし、テカリも抑制。キャンメイク ポアレスクリアプライマー 01 ￥700／井田ラボラトリーズ

ITEMS:06

毛穴下地

乾燥毛穴や開き毛穴に。
ハイライト効果もあり！

ミネラル＆天然由来成分100％。毛穴、赤み、色ムラをオフ。オンリーミネラル N by ONLY MINERALS ミネラルクリアスムーザー 01 ￥2700／ヤーマン

ITEMS:07

リキッドファンデーション

崩れないファンデの
代名詞。カバー力も◎

フィット感が高く、メイクもち◎。コフレドール リフォルムグロウリクイドUV SPF36・PA+++ 30㎖ スポンジ付き 全7色 各￥3500（編集部調べ）／カネボウ化粧品

ITEMS:08

リキッドファンデーション

うすづきもカバーも自在で
上質なツヤ肌を実現！

潤う美容液ファンデ。ハリツヤ肌に。インテンシブ スキン セラム ファンデーション SPF 40（PA++++）SPF40・PA++++ 30㎖ 全13色 各￥6900／ボビイ ブラウン

もっとあります

長井のお気に入り

FAVORITE ITEMS

ITEMS:10

エマルジョンファンデーション

自然派だから負担レス。
なのにしっかりカバー

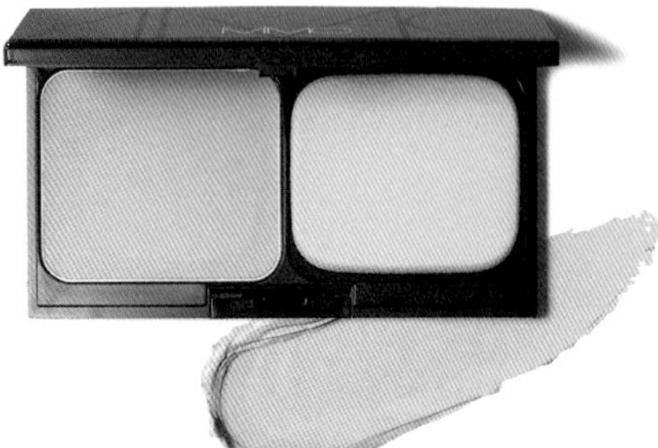

重ねても厚くならず、毛穴はカバー。つるっとした肌に仕上がる。ミネラルクリーミーファンデーション SPF20・PA++ 全６色 各¥6500（ケース込み）／MiMC

ITEMS:09

スティックファンデーション

ツヤもカバー力も優秀。
常備して損なし！

しっとりツヤ肌に。キャンメイク クリーミーファンデーションスティック SPF50+・PA++++ 全２色 各¥900／井田ラボラトリーズ

ITEMS:12

コンシーラー

のばしやすくて、
とどまりやすい！

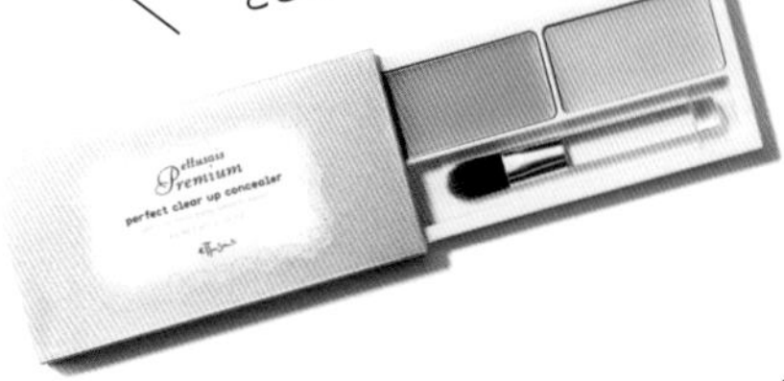

赤み寄りの濃淡２色でクマやシミ、毛穴をカバー。プレミアム パーフェクトクリアコンシーラー SPF25・PA+++ ¥2300／エテュセ

ITEMS:11

クッションファンデーション

カバー力とツヤの
バランスが絶妙

フレッシュでつややかなハリ肌に。ナチュラルラディアント ロングウェア クッションファンデーション SPF50・PA+++ 全６色 各¥6300（セット価格）／NARS JAPAN

ITEMS:13

チーク

潤いがすごいから
しっとりツヤツヤ

天然成分をふんだんに使い、内からにじみでるようなツヤと血色を。rms beauty リップチーク イリューシブ ￥4800／アルファネット

ITEMS:14

チーク

透けるほのマット。
甘いニュアンスの血色を

くすみ感のあるソフトローズ。するするのびてほんのりと頬を染める。カムフィー クリームブラッシュ 02 ￥3200／セルヴォーク

ITEMS:15

フェイスパウダー

マットなのにカサつかず
上品な肌に。コスパ◎

ふわふわの微粒子ルースパウダーが毛穴を自然にぼかして、透明感を底上げ。うるふわ仕上げパウダー 01 SPF16・PA++ ￥780／セザンヌ化粧品

ITEMS:16

フェイスパウダー

いい意味で存在感のある
色つき。カバーします！

毛穴やシミをソフトフォーカスしてトーンアップ。清らかな柔肌に。ナチュラル カバーリング ルース パウダー ￥6000／SUQQU

BEAUTY Column

パウダーファンデーションは とにかく軽い力ですべらせて！

今回、リキッドファンデーションなどのウェット系を紹介していますが、パウダーファンデーションでも、もちろんOK。しっかりとスキンケアさえしておけば（☞P108）、きちんとツヤも出せます。ただし、スポンジを押しつけながら塗ると、下地がズレてムラづきしたり、厚塗りの原因になるのでNG。軽い力ですべらせるように塗るのが正解です。

まず、下地（☞P18～35）の後、軽くティッシュオフして肌をサラリとさせておきます。スポンジの半面にとったら、スポンジを軽く持ち、片頬の内から外へ〝ペラペラ〟と軽くすべらせます。再度、同じ半面にとり、反対も同様に。そのまま額や鼻、あごにもすべらせたら、くずれやすい目や小鼻のキワはスポンジの端を押しあてて、圧をかけて密着させましょう。これでマットになりすぎることなく、パウダーファンデーションでもツヤのある肌が完成します。

KAORI NAGAI MAKE-UP BOOK

/

PART 2

彫りづくり

立体感を彫って
美人の土台をつくる

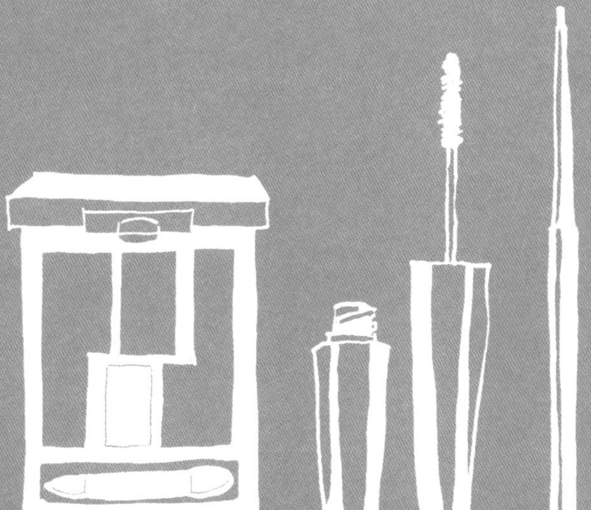

STEPS

彫りブラウン ▶ アイラッシュカーラー ▶ アイライン ▶ マスカラ ▶ アイブロウ

彫り深く見える陰影を仕込むだけで、誰でも美人顔に！

目を大きく見せたい。パッチリと見せたい。
この思いは、いつの時代も変わりません。
そこで私が提案するのが、
ブラウンのアイシャドウでまぶたを〝彫り〟、
立体感のある骨格を擬似的につくるテクです。
さらに、ミニマムでいて効果抜群なアイライナーとマスカラ、
美人印象を高めるアイブロウを合わせれば
好感度が高く、奥行きのある
ベーシックな目元が叶います。

WHAT'S HORI?

Q

〝彫り〟って何のこと？

A

目まわりの骨格がくっきりと浮き上がることで生まれる立体感

「まぶたがはれぼったい」「のっぺりとして見える」というお悩みを皆さんから聞きますが、実は私自身も同じ。そこでいろいろ研究した結果、たどり着いたのがブラウンのアイシャドウでまぶたに影を仕込んで骨格を主張させ、立体感を強調するテクです。

〝彫り〟をつくるって こういうこと！

BEFORE

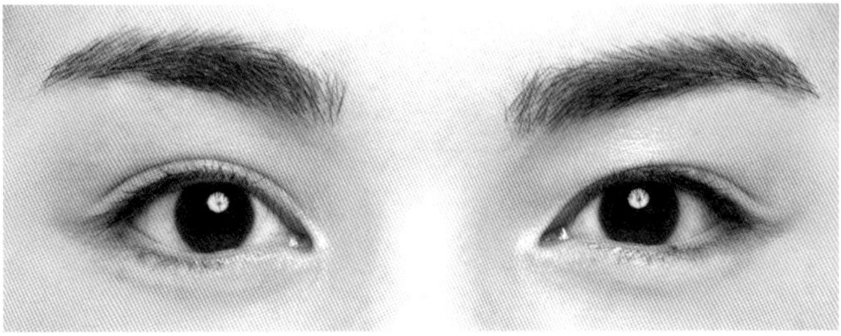

AFTER

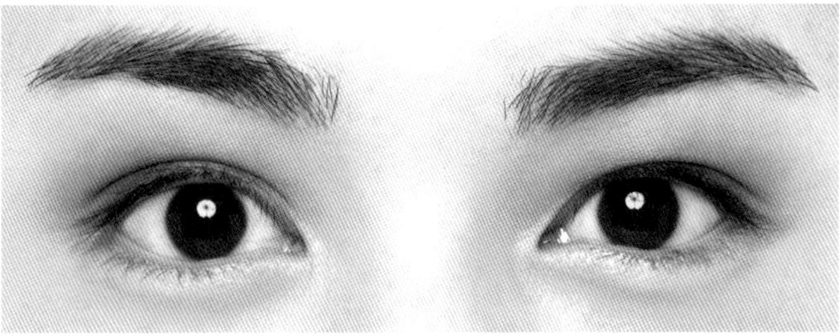

ブラウンシャドウによる影色効果で 上まぶたのくぼみを深く見せます。

上まつげの生えギワから眉骨の下のくぼみまで
ブラウンシャドウをしっかりとのせてあげることで、
上まぶたが深くくぼんで見えて、奥行きのある目元に。
つまり、ブラウンのカラーを楽しむのではなく、
あくまでも影として骨格を強調する作業です。

STEP1

彫りブラウン

「アイシャドウでいちばん**大事なのは**“**彫り**”。そのうえで色を楽しんで。」

オレンジ、ボルドー、ピンク、カーキ、パープルと
アイシャドウのカラーバリエは本当に無限。
ヴィヴィッド（鮮やか）、スモーキー(くすみ)、ペール（淡い)、
メタリック、パーリー、マットと、トーンや質感もさまざま。
毎シーズン、これらのトレンドはぐるぐると変わりますが、
絶対に必須なのが、白ベージュとブラウンシャドウ。
逆にいえば、その2色でうまくまぶたに立体感をつくれば、
どんなトレンドでも、どんな色でも質感でも、
はれぼったくなることなく、無敵に使いこなせるのです。

Q

捨て色ナシのパレットに必要な要素って……？

① 白ベージュ

上品な明るさでハイライト効果をもたらし、まぶたのくすみをリセットする白っぽいベージュ。繊細なパールを含んでいればベター。

② 彫りブラウン

彫りづくりの主役。色が濃ければ濃いほど、しっかり彫れて立体感がアップ。質感はマットがベスト。パール入りなら控えめのものを選ぶと◎。

③ 他は好きな色でOK！

①と②さえおさえておけば、トレンドカラーや挑戦カラーも失敗なくつけこなせるので、他はお好みで。2色以上入っているパレットなら、アレンジも自在！

繊細なパールを含む深いブラウンと、光り方が上品な白ベージュがイン。ケイト ヴィンテージモードアイズ PU-2 ￥1200（編集部調べ）／カネボウ化粧品

＼ 基本の塗り方CHECK! ／

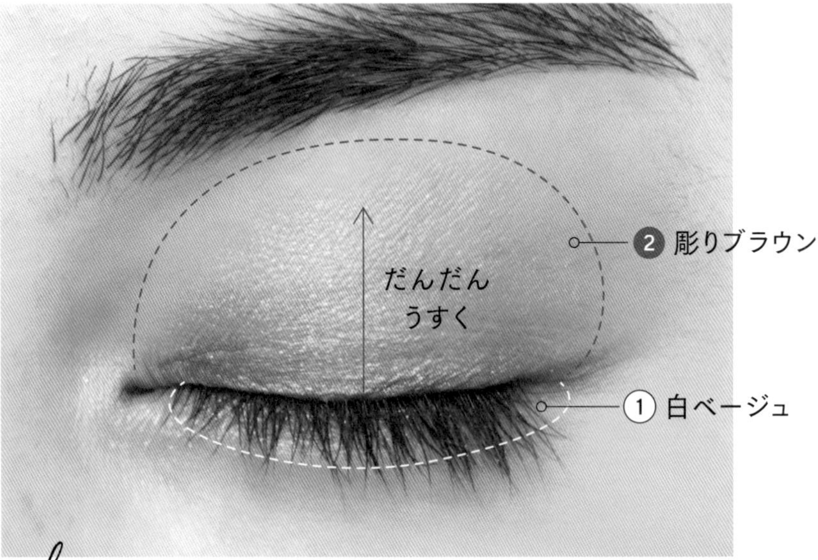

close

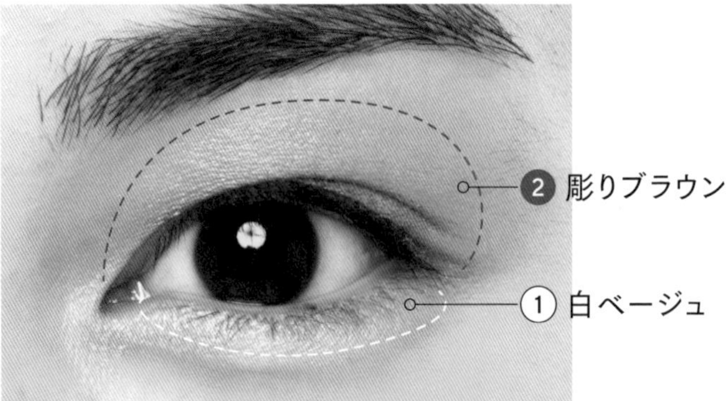

open

／ USE ITEM ／

彫りづくりのアイシャドウは指だけで塗ろう！

指で塗るメリットは、何といってもまぶたにアイシャドウがなじんで自然に溶け込むこと。とくに彫りづくりにおいては、〝もとから彫り深い骨格〟を偽装するのが目的なので、指づけがマスト。

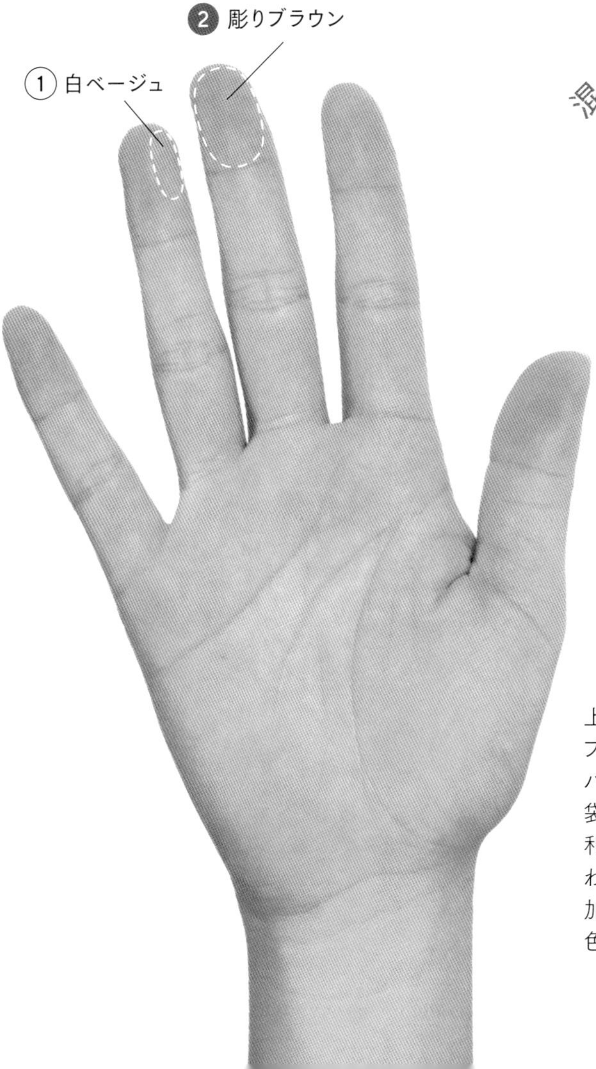

色によって指を使い分ければ混ざって濁る心配もナシ！

上まぶたに幅広く入れる彫りブラウンは一度に広範囲をカバーできる中指が適任。涙袋エリアを狙うのは小回りが利く薬指、と指の特性に合わせて使い分けるとほどよい加減でつけられ、クリアな発色を楽しめます。

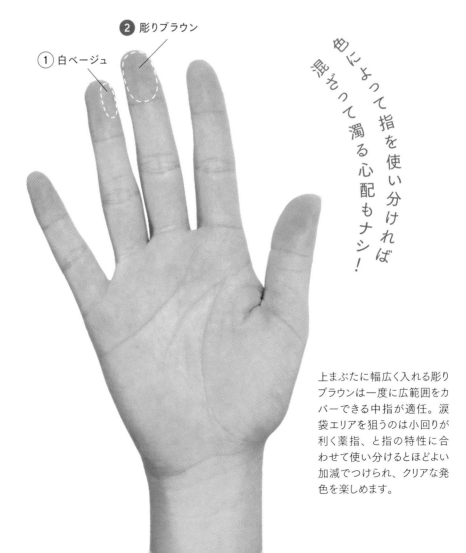

彫りブラウンの塗り方 超丁寧プロセス!

彫りブラウン ◀ アイラッシュカーラー ◀ アイライン ◀ マスカラ ◀ アイブロウ

薬指の側面がピタリとフィット

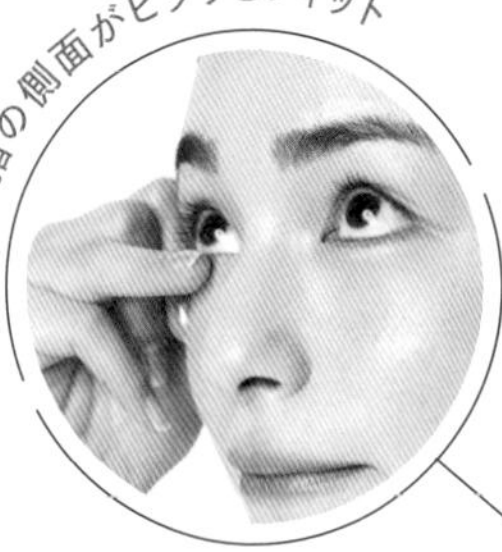

1 白ベージュを薬指の側面にとる

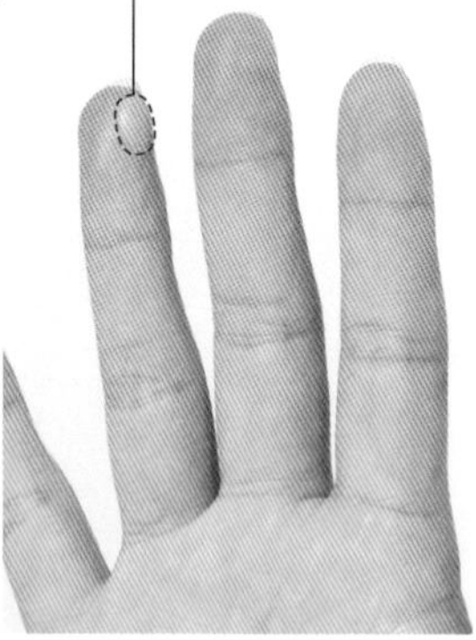

薬指全体ではなく、中指側の側面から、指の腹の半分くらいまでにとる。

2 涙袋全体にちょんちょん置く

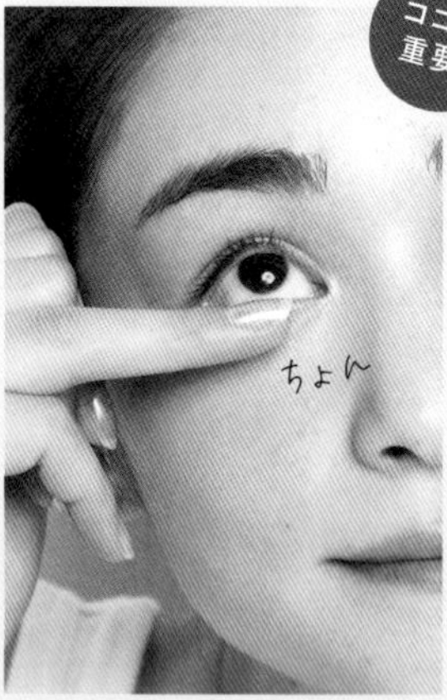

目線を上にした状態で薬指の側面を下まぶたのキワにあて、涙袋全体に2〜3回置き重ねる。

3 頬骨にのばし、ハイライト効果を

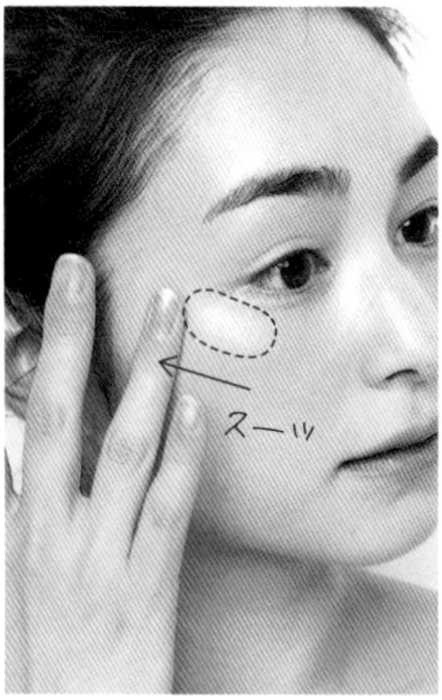

薬指全体につけ足して目尻の下からこめかみの手前まですべらせてうすくオン。左目も、再度色をとり、同様に。

NG!

指を縦にすると、涙袋を越えてクマ部分にまで色がつき、かえって目立つことに。

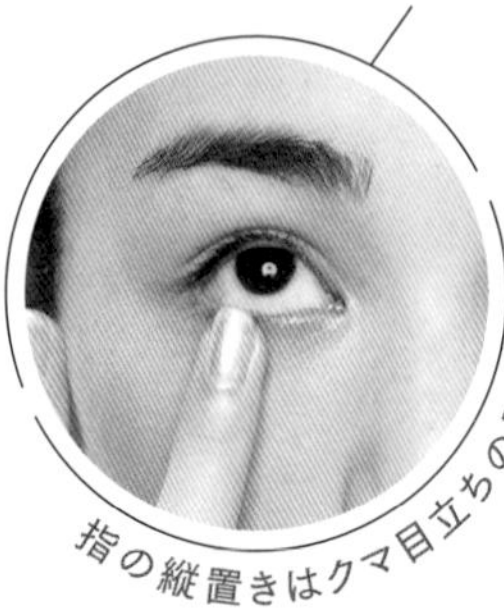

指の縦置きはクマ目立ちの原因

P73で紹介したアイテムを使って!

4.

彫りブラウンは中指の先端に

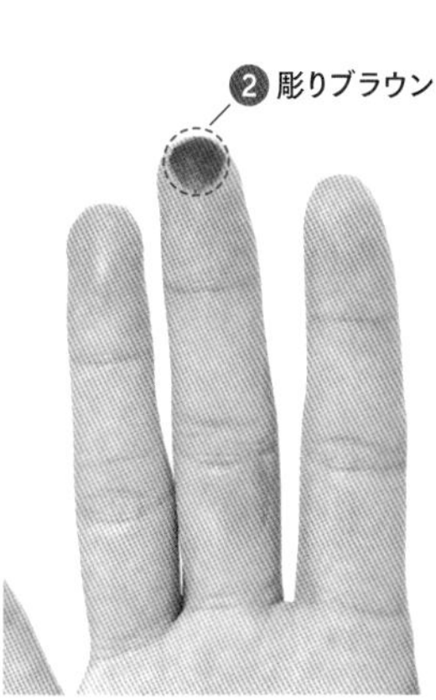

彫りブラウンのアイシャドウを中指の先にとる。

5

手の甲で広げてなじませる

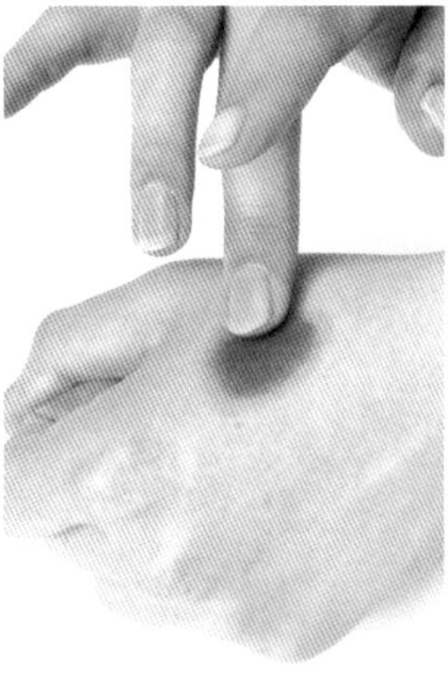

第一関節の半分ぐらいまで広げておくことで、まぶたに均一につきやすくなる。

6

まずはキワからもやっと

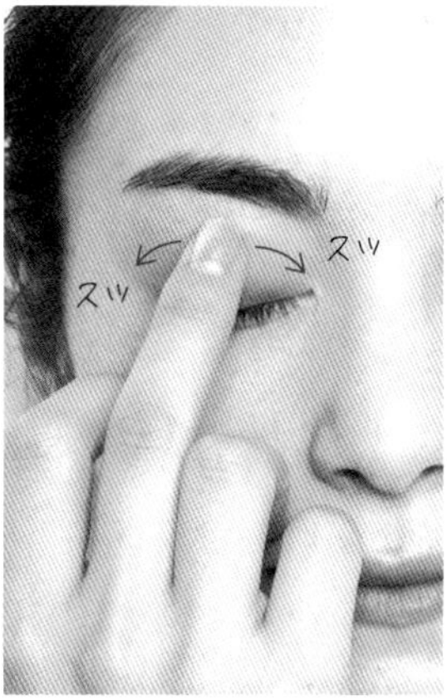

上まつげの生えギワから指を左右にスッとすべらせてオン。反対側も再度色をとり同様に。彫りづくりは、鏡を見ながら左右交互に行うこと！

まだまだ続きます

彫りブラウンの塗り方 超丁寧プロセス!

彫りブラウン ◀ アイラッシュカーラー ◀ アイライン ◀ マスカラ ◀ アイブロウ

7
キワだけでは まだ彫れてません

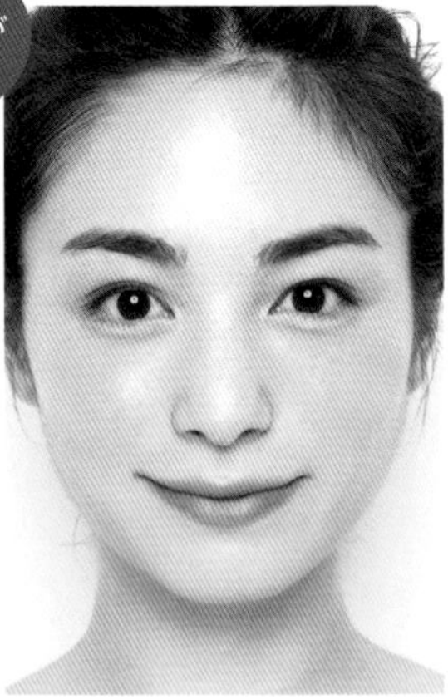

左右の上まつげの生えギワにブラウンを塗り終えた状態。目を開けるとブラウンがほとんど見えず、不十分。

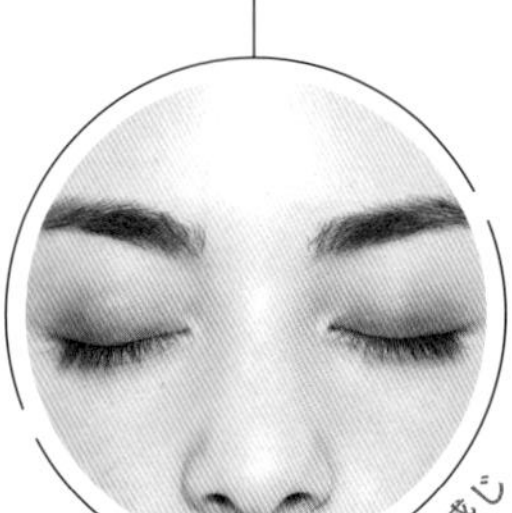

目を閉じるとこんな感じ

8
横方向に往復させつつ 眉骨の下までオン

ココが重要!

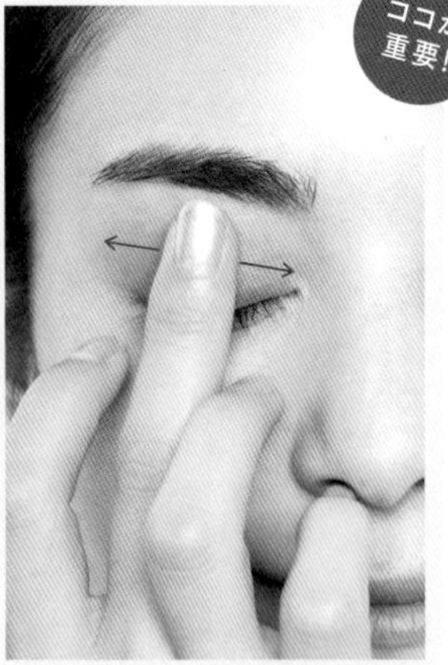

軽くおさえながら指を左右に動かし、少しずつ上へ。アイホールのくぼみを越えて、眉骨の下側まで幅広くぼかす。

9
目を開けても ブラウンが見える!

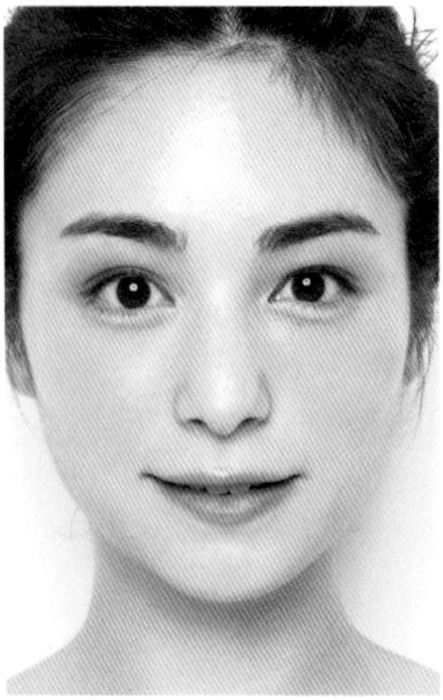

目を開けた時に見える眉下までのエリアに、しっかり色がつけばOK。

Finish!

ブラウンの彫り効果で目元がくっきり！

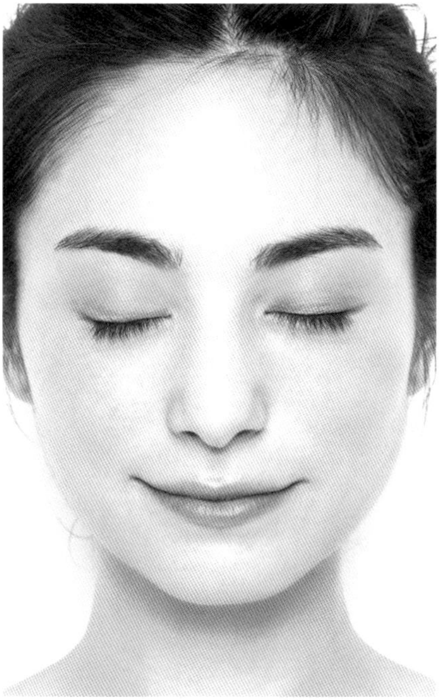

もちろん彫れます！

の彫り方チェック表

少し彫るだけで効果あり！

一重さん の場合

基本の塗り方と同じでOK。ただし、アイホールをオーバーすると
ブラウンの見える範囲が広すぎてトゥーマッチに。
くぼみの手前でストップ！

彫りうすめ

NG!
足りない

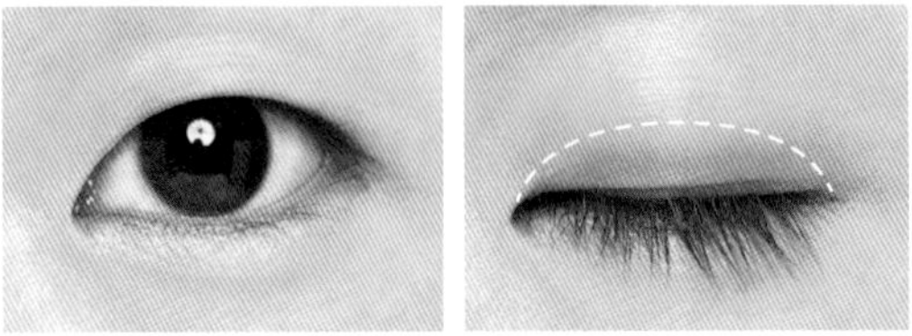

目を開けると
ブラウン幅が狭く、
彫り感うすめ

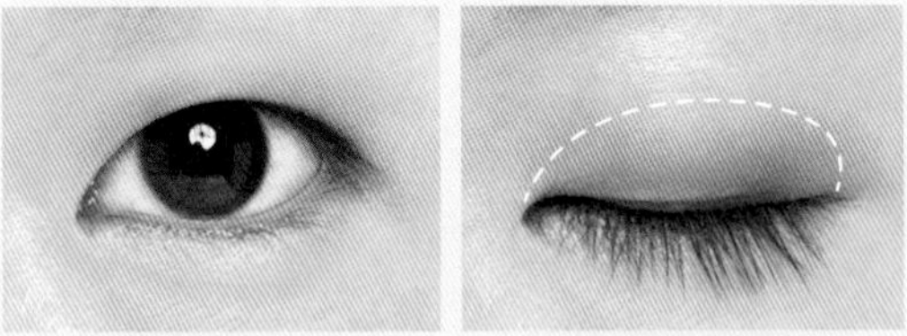

うっすらと影が
見えて
自然な彫り感

OK!
好みの
濃さで

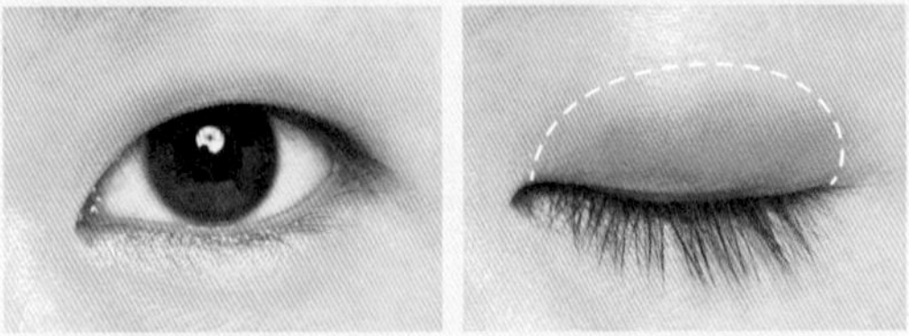

しっかりと影が
ついて
ぱっちり目に

NG!
濃すぎ

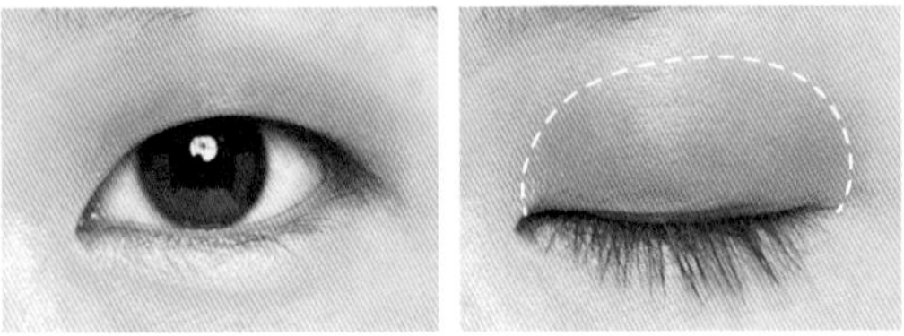

彫れてはいるけど
メイク感が
強すぎる！

彫り濃いめ

二重さん以外も、

一重さん、奥二重さん

目頭は幅広めのほうがベター!

奥二重さん の場合

基本の塗り方と同じくアイホールを越えるぐらいまでが正解。
目頭側の二重部分が隠れやすいことを考えると、
目頭側は意識的にやや広めに。

彫りうすめ

NG! 足りない

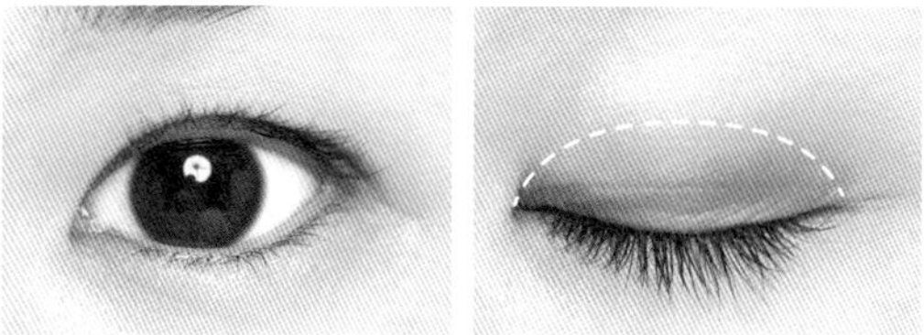

目頭側の彫りがうすめでちょっと足りず

OK! 好みの濃さで

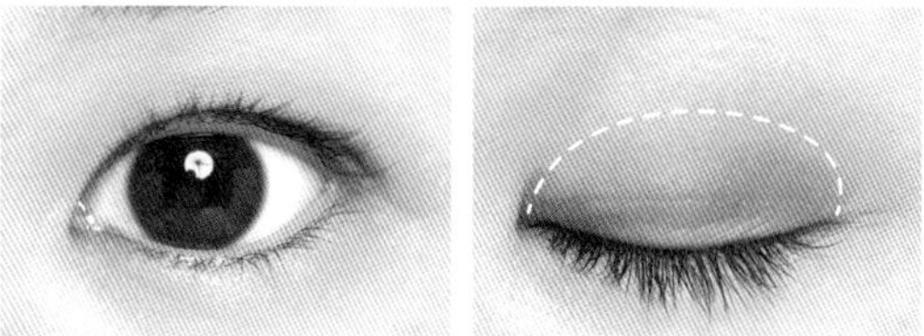

うっすらと影が見えて自然な彫り感

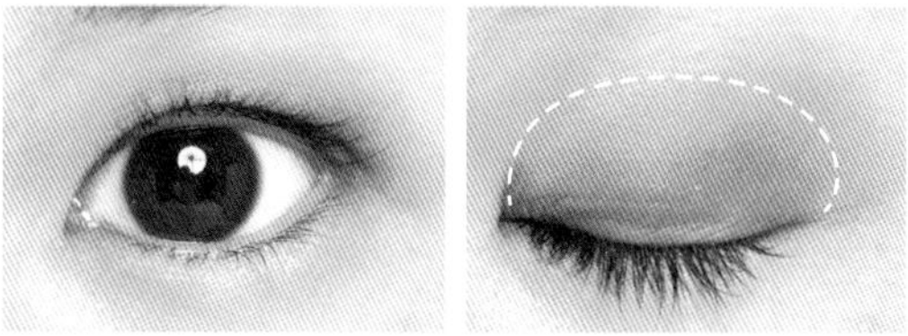

しっかりと影がついてぱっちり目に

NG! 濃すぎ

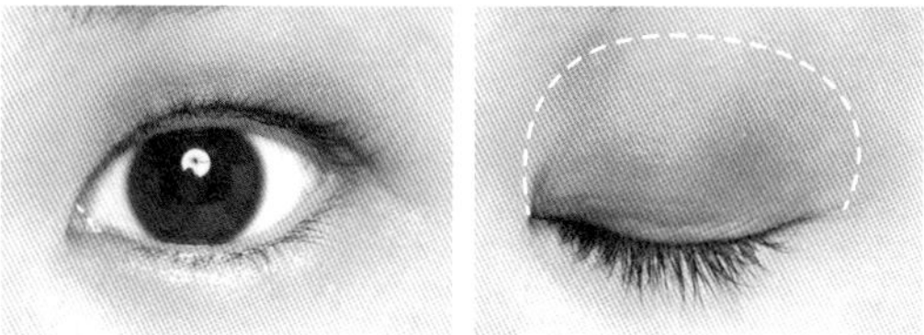

範囲が広すぎる＆濃すぎてやりすぎ感も

彫り濃いめ

STEP2

アイラッシュカーラー

「まつげは
中間から
上向かせて。デカ目に見せつつ、抜け感も出る欲張りテクです。」

まつげを根元からガッツリ上げると、目を大きく見せる効果は絶大。
少し下がり気味だとオシャレでちょっと色っぽい。
何を目的にまつげメイクをするかで、上げ方は変わってきますが
両方のイイとこどりをしたのが、このまつげ上げプロセスです。まず、
根元の毛を全部起こしてから、まつげの中間からカチカチカチカチと少しずつ
上げていく。ワキは全開、ひじも上げて、手首もぐるっと真上に返すぐらい
ダイナミックに動かすことで、キレイなカールがつくれます。

自分に合うアイラッシュカーラーの見つけ方は……

ツール選びのポイント

- カウンターなどで〝試着〟するのがオススメ
- フレーム上部と上まぶたのくぼみのフィット感を重視
- 上まぶたとカーラーの幅とカーブがハマると◎

迷ったらコレ！ 少しの力でガツンと上がります

日本女性のまぶたを研究して誕生。まぶたへのフィット感が高く、短毛も逃さずキャッチ。アイラッシュカーラー N 213（替えゴム1コ付き）¥800／資生堂

唯一無二の下地も一緒に使って！

カール力もキープ力もピカイチ。名付けて〝命の液〟。キャンメイク クイックラッシュカーラー 透明タイプ ¥680／井田ラボラトリーズ

＼ まつげはココを上げる! ／

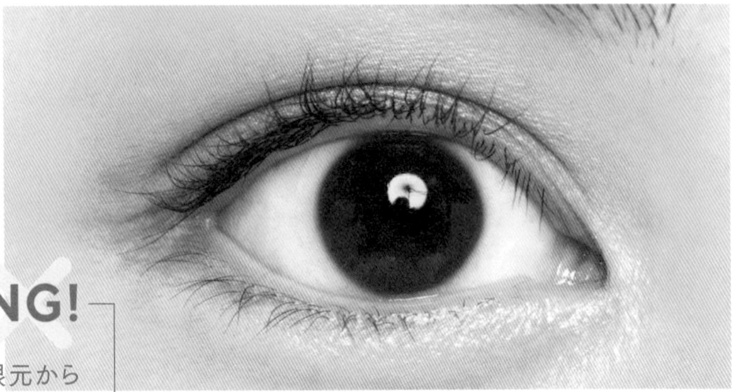

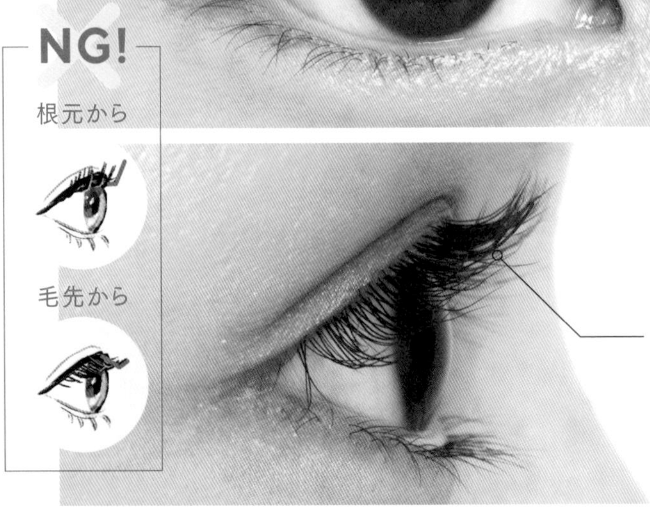

まつげの根元から中間までが上まぶたのキワに重なり、アイラインを入れているように見えると◎。中間から毛先はなだらかな上向きカールに。

一重、奥二重も同様です!

奥二重さん

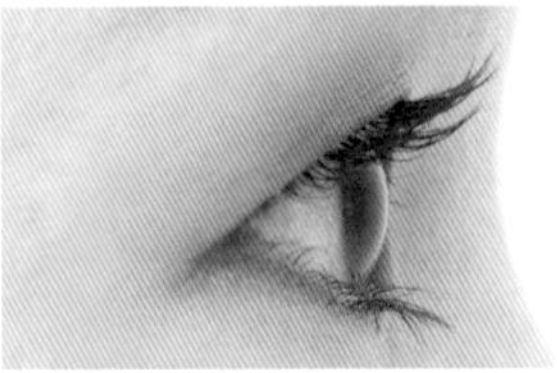

一重さん

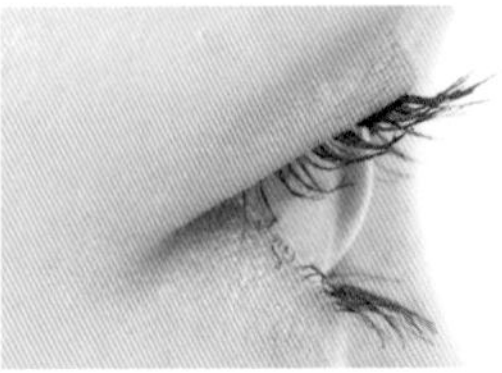

どちらも目頭側のまつげにまぶたがかぶりやすく、根元から上げてもムダになりがち。中間から上げるのでまぶたに邪魔されません!

基本のまつげの上げ方 超丁寧プロセス!

彫りブラウン ◀ アイラッシュカーラー ◀ アイライン ◀ マスカラ ◀ アイブロウ

1 まつげの根元を起こす

アイラッシュカーラーのフレーム上部のカーブを上まぶたのくぼみに押しあて、毛を根元から起こす。

2 まつげの中間から“上げ”にかかる

ココが重要!

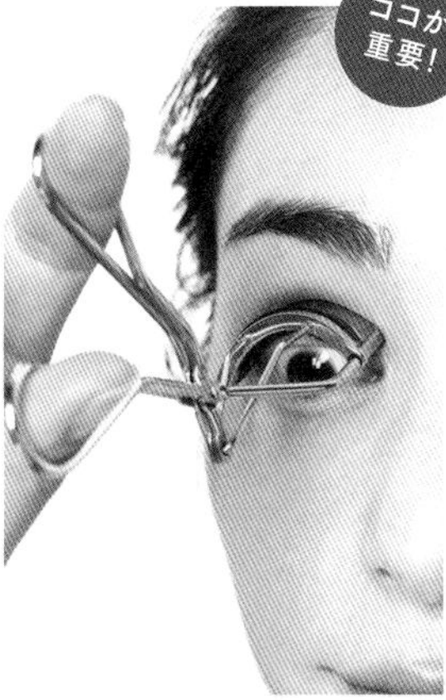

フレーム上部をまぶたに押しあてたままワキを開き、ひじを斜め上に上げつつ、まつげの中間地点を狙って挟む。

3 小刻みに挟んで毛先まで上げる

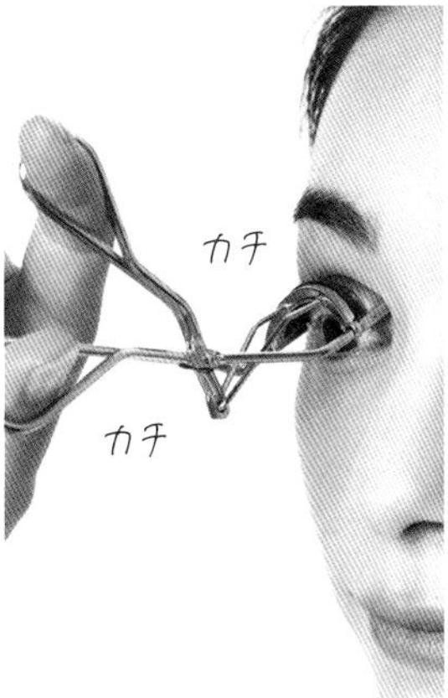

手首の内側が天井を向くように返しながら、カーラーを少しずつ挟みながら毛先の方向へ動かす。

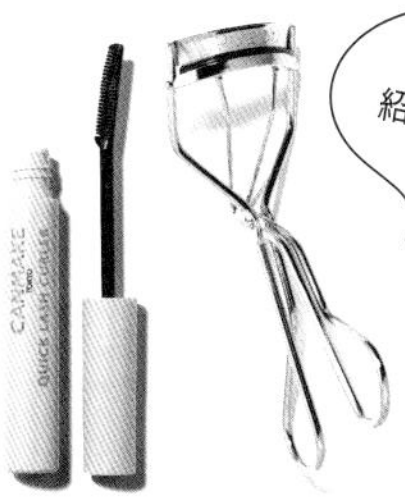

P83で紹介したアイテムを使って!

まだまだ続きます

4

ワキを開いて、ひじを上げて!

ココが重要!

3のプロセスは、この姿勢が正解。腕全体を大きく動かすのが、キレイに上げるコツ。

NG!

猫背でやっちゃダメ

5

斜め上へ引き抜き自然にカールアップ

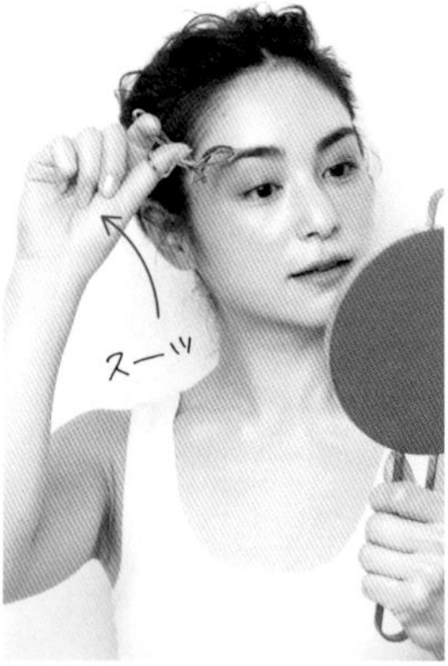

毛先まできたら、カールの延長線を描くようにスーッとカーラーを引き抜く。

6

すぐマスカラ下地を塗ってフィックス

下地のコームをまつげの根元から入れ、そのまま毛先まで軽くすべらせる。

Finish!

ナチュラルでいてぱっちり

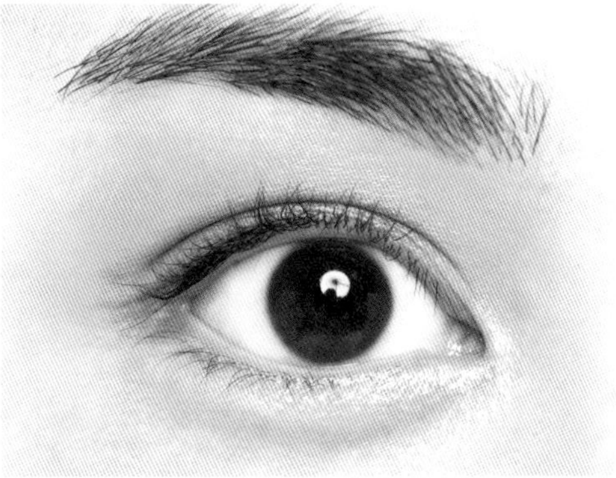

中間からくるっと上向きに

7

指先でなじませ、余分な液をオフ

まつげの毛先にソワソワ触れて、つきすぎた液をオフ。これで毛同士がくっつくのを防止。

STEP3

アイライナー

「アイラインは目幅
全部に引かないで。
目尻だけで十分！」

アイラインをムダなところに入れていませんか？
〝えっ、ムダってどういうこと？〟と思われるかもしれませんが、
せっかく目頭から目尻までキレイに引いても、目を開けたときに
まぶたで隠れてしまったり、こすれて落ちていては、ライン効果ゼロ。
見えるところだけに引いているのと、結局はまったく同じです。
だから、長井式では、目を開けたときに見える目尻だけでOK。
ブラウンの極細芯でまつげを1本、目尻の外側に増やすような感覚で
引いてみてください。ナチュラルなのに目ヂカラがアップします！

買うべきアイライナーの条件は……

コスメ選びのポイント

- 柔らかくてなめらかに描ける極細芯のジェルペンシル
- 速乾性があるウォータープルーフ
- 優しく自然に見えるダークブラウン

柔らか芯で描きやすく、
速乾性がピカイチ

なめらかに描けて、即フィックス。にじみもナシ。ケイト レアフィットジェルペンシル BR-2 ¥1100（編集部調べ）／カネボウ化粧品

＼ アイラインはココに引く！ ／

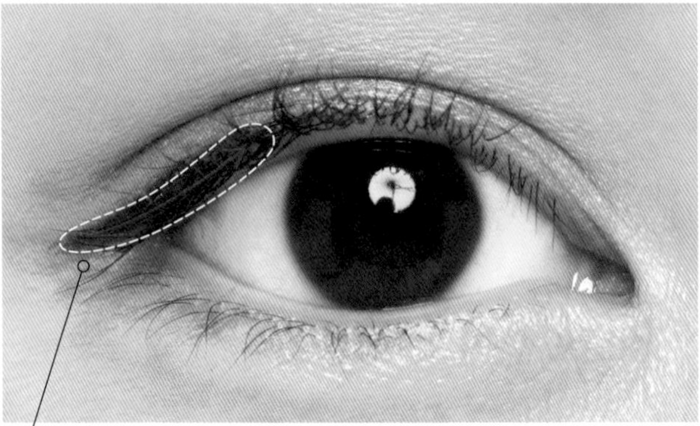

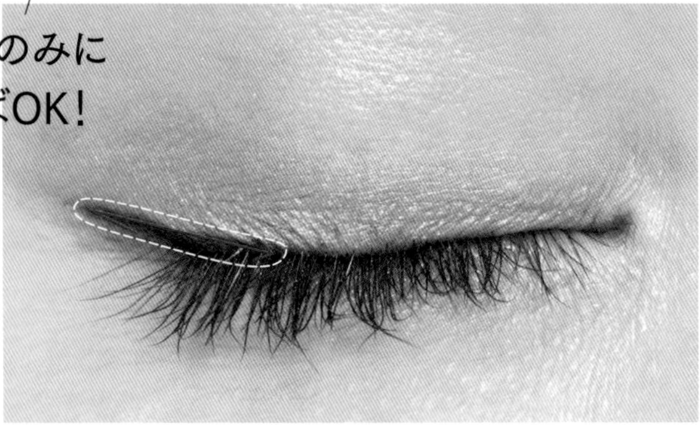

目尻側のみに
引けばOK！

目尻の一番端に生えているまつげの根元から引き始め、目尻の溝へのばすイメージで。次に、目を開けたときにまつげと自然になじむよう、描いたラインの終わりから折り返し、黒目の外側までつなげる。

一重、奥二重も同様です！

奥二重さん

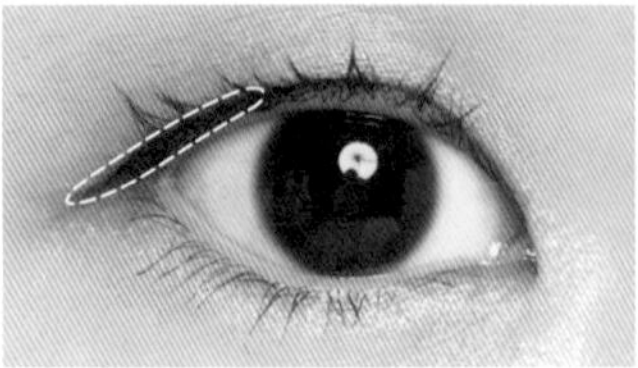

一重さん

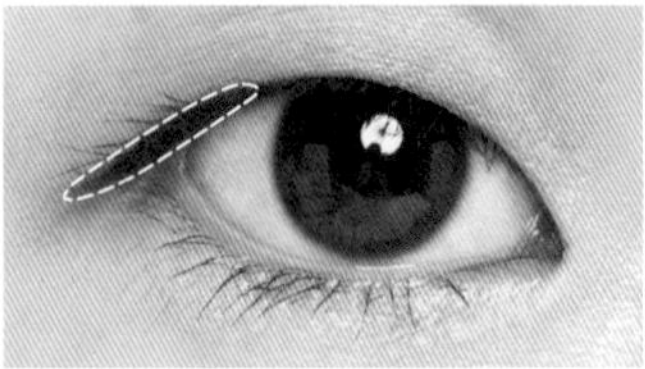

一重さん、奥二重さんともに目頭側はせっかく引いても隠れがちなので、二重さんと同じく目尻だけでOK。目の横幅がぐっと広がります。

基本のアイラインの引き方 超丁寧プロセス!

1
芯の長さは約2㎜をキープ!

ココが重要!

芯を出しすぎると折れてしまうので少しだけ。途中で短くなったら少しずつ出して。

2
まつげの生え終わりから引き始める

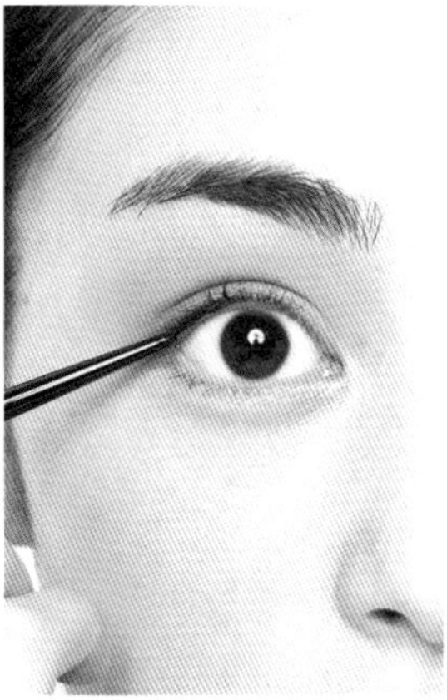

上まぶたのいちばん外側に生えているまつげの根元をスタート位置にセット。

鏡を正面から見て位置確認!

3
目尻のカーブにそってなだらかなラインを描く

目尻のキワにそって、まつげと同じ長さのラインを描き足す。目を開けた状態で行って。

P89で紹介したアイテムを使って!

まだまだ続きます

基本のアイラインの引き方 超丁寧プロセス!

彫りブラウン ◀ アイラッシュカーラー ◀ **アイライン** ◀ マスカラ ◀ アイブロウ

CLOSE UP!

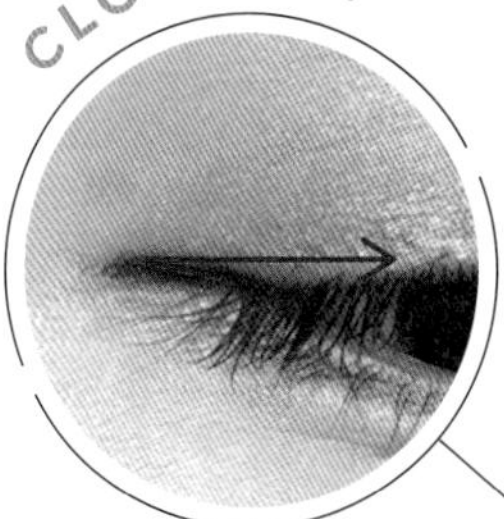

4. 今度は、反対側! 1ステップずつ交互に

3と同じことを反対の目元にも。片方を一気に描きあげず、左右同時に進める。

5. 次に埋める位置をチェック!

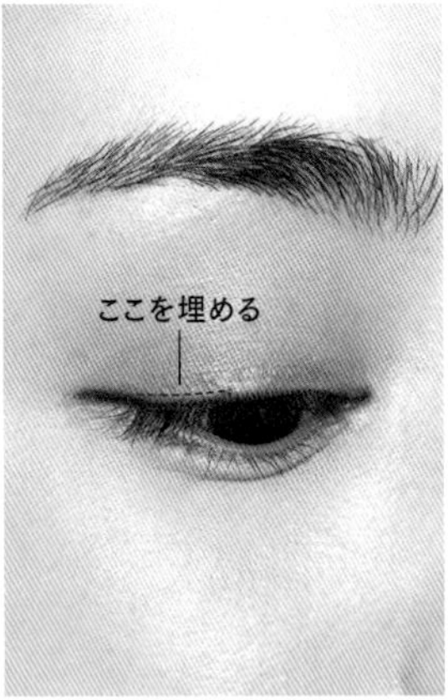

現段階ではまだラインが目のキワと自然になじんでいない状態。次にここを埋める。

6. ラインを折り返して自然に繋げる

ラインの終わりから折り返し、黒目の外側あたりまで自然に繋げる。

メイクのギモン

Q まつげメイクとアイライナー、効果は同じ?

A まつげは縦幅、ラインは横幅を広げます!

まつげメイクは目の縦幅を大きく見せるのに効果的。アイライナーは横幅を大きく見せるのが得意。相乗効果で全体的に大きく見えます。

Finish!

目幅がサイズアップして、目ヂカラが増した！

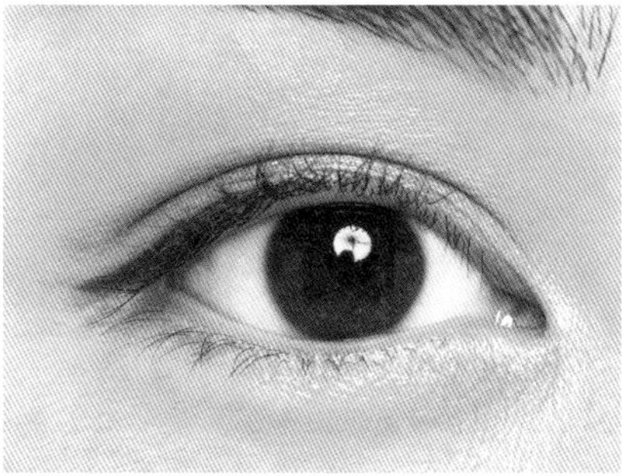

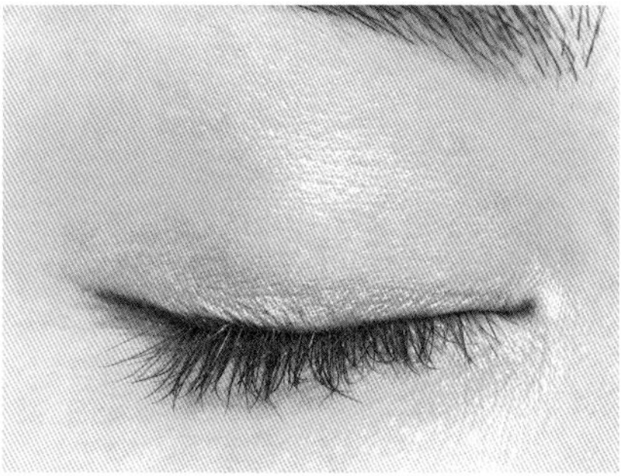

どこからがラインかわからないほど自然！

7

横から見てもキワと一体化

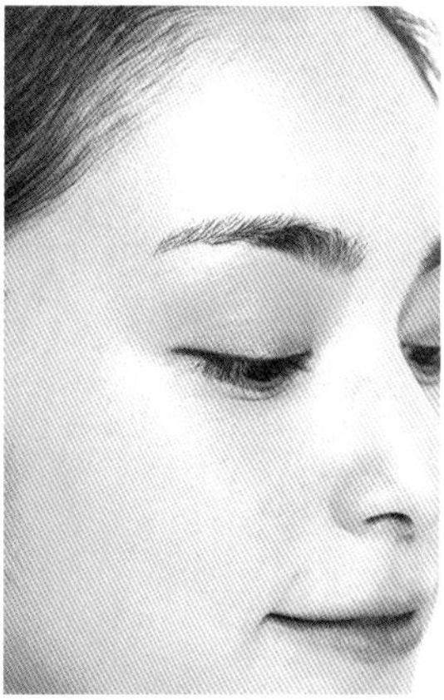

伏し目にしたとき、目尻の端からスッと自然に真横にのびている状態が正解。

メイクのギモン

Q アイライナーを、アイラッシュカーラーとマスカラの間に引くのは、なぜ？

A まつげに自然になじむアイラインを引くためです。

先にまつげを上げておくと、仕上がりを想像しながらアイラインが引けます。またマスカラ下地を乾かしている間に引くので時短にも。

STEP4

マスカラ

マスカラは、
あくまでも脇役。
繊細さで勝負を。

目ヂカラ＝マスカラのイメージが強いかと思いますが、
長井式のアイメイクの場合、目ヂカラづくりのメインは
アイラッシュカーラーとアイライナー。
マスカラの役割はそのふたつによって生まれた
目ヂカラの最終調整をすること。
だから、すでにマスカラ下地で形づくったまつげをなぞるだけでOK。
何よりも大切なのは、ダマダマにしたり、パンダ目にしないこと。
清潔感を保つために、スーッと繊細にキレイに塗りましょう。

選ぶべきマスカラの条件は……

コスメ選びのポイント

- 液がつきすぎず、繊細に塗れるタイプ
- まつげの根元に入り込めて小回りが利く極細ブラシ
- 色はちょっとだけ盛れて優しい印象のブラウン

極細ブラシでうぶ毛レベルのまつげまで捉えてコート。デジャヴュ ラッシュアップE ダークブラウン ￥1200／イミュ

うぶ毛、短毛も逃さず、全部塗れてダマ知らず！

メイクのギモン

Q なんでブラックじゃないの？

A マスカラの存在感は少しでいいからです。

すでにつくってある形をキープしてツヤを与え、ちょっとだけ目立たせるのが目的なので、黒よりもナチュラルなブラウンを選びました。

基本のマスカラの塗り方 超丁寧プロセス!

彫りブラウン ◀ アイラッシュカーラー ◀ アイライン ◀ マスカラ ◀ アイブロウ

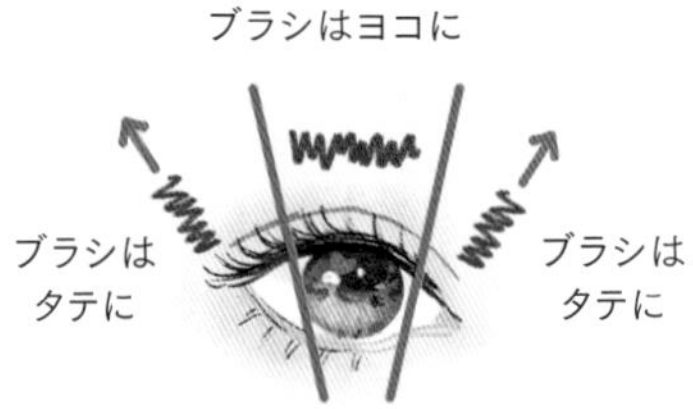
ブラシはヨコに
ブラシはタテに
ブラシはタテに

1
ブラシの根元を約30°の角度に折る

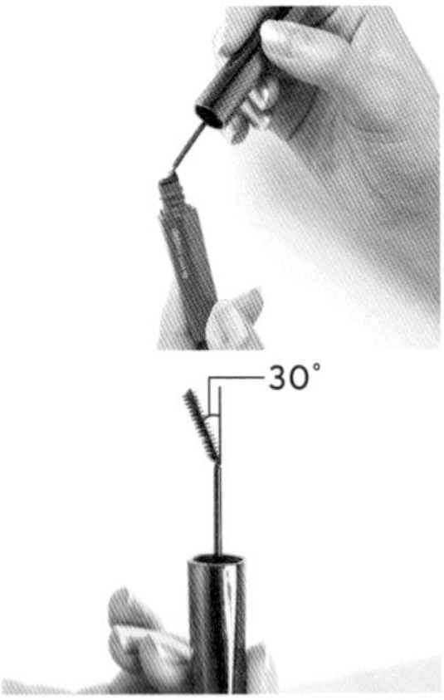
30°

ボトルの縁に押しつけるようにして、ブラシの根元を折り、角度をつけると塗りやすい。

2
上まつげの下側からスーッとひと塗り

根元から毛先まで、軽くすべらせるようにマスカラを塗る。

3
ブラシを縦にし、扇形に広げる

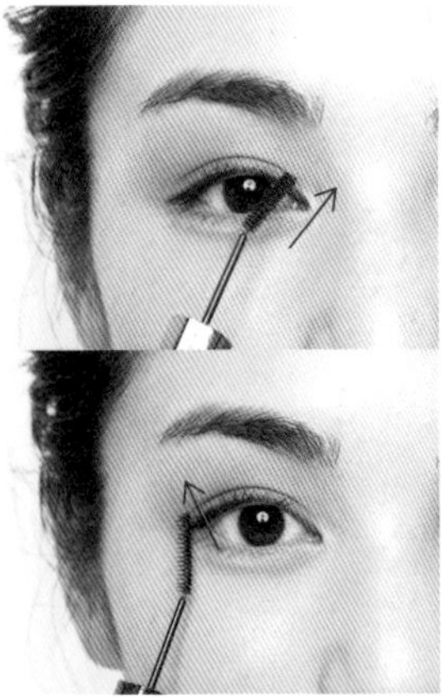

目頭側のまつげは内側へ、目尻側のまつげは外側へ広がるようブラシの先で操作。

P95で
紹介したアイテム
を使って!

4. 下まつげは、顔を左右に振って塗る！

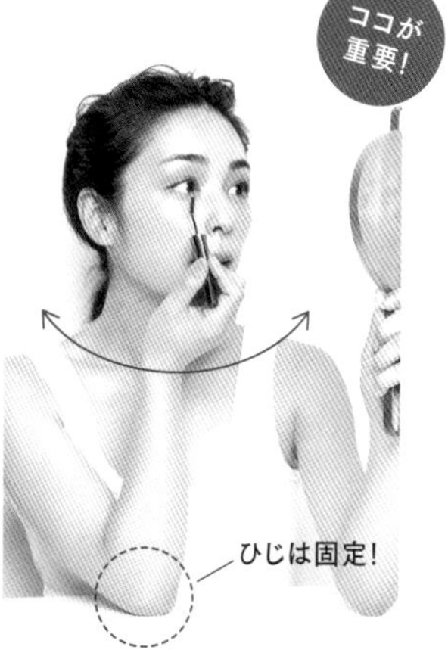

手を振ってつけるのではなく、ひじを机の上に固定して顔を動かすと塗りやすい。

NG! まつげの下から塗るとパンダ目に！

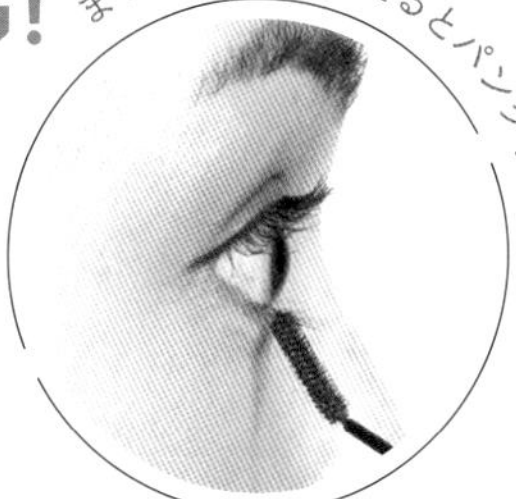

5 狙うのは下まつげの上側

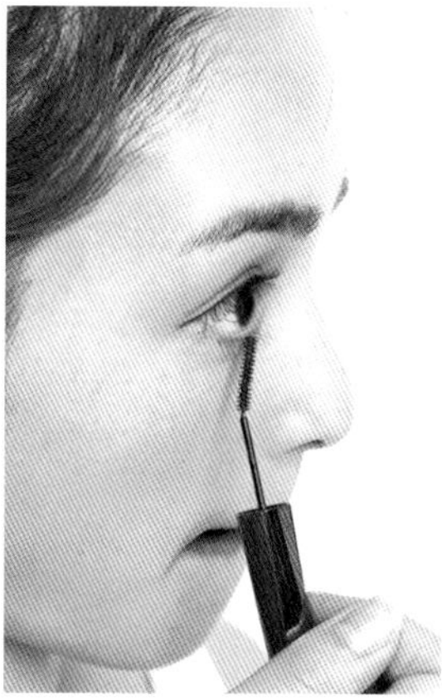

下まつげの下側からすくって塗ろうとすると下まぶたにつきやすくパンダ目に。上側に触れるようにつける。

Finish!

つややかで柔らかな印象のまつげに

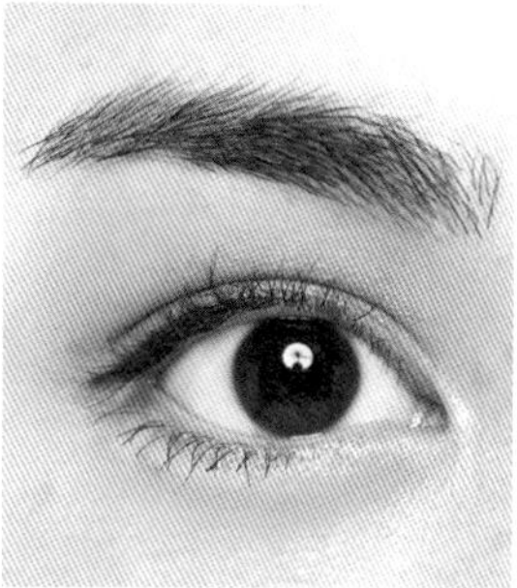

ちょっぴり明るくカラーリング完了

STEP5

アイブロウ

「グレーで増毛して明るいブラウンで色調整すると、自然」

自前の眉を生かして、必要以上に目立たせず
ナチュラルに仕上げるのが、長井式の眉メイクの極意。
それには、質感も色も地毛に近いグレーのペンシルで隙間を埋めながら、
立体的な顔立ちに見えるように形を微調整します。
次に、ペンシルだけだとどうしても重くのっぺりとした印象になりがちなので、
明るいブラウンのパウダーを、眉の〝毛〟ではなく、
眉の下の地肌を染めるようにオン。
増毛アイブロウと肌染めアイブロウで、顔になじむ自然な美眉が完成します。

増毛アイブロウの条件は……

コスメ選びのポイント

- 毛の一本一本を擬似的に描ける極細芯のグレーペンシル
- きちんと発色して落ちにくいタイプが◎
- スクリューブラシがついていると便利

1.5㎜のソフトな細芯タイプ。スクリューブラシ付き。ヴィセ リシェ アイブロウペンシル S GY001 ￥540（編集部調べ）／コーセー

肌染めアイブロウの条件は……

コスメ選びのポイント

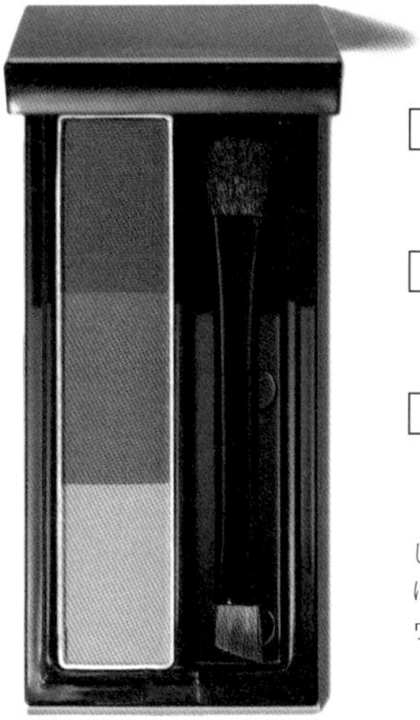

- 広範囲に色をのせやすいパウダータイプ
- ベージュと明るいブラウンが入っていること
- 柔らかめのブラシがついているとベター

しっとりとした質感でふんわり立体的な眉が描ける3色のセット。ヴィセ リシェ アイブロウパウダー BR-2 ￥1100（編集部調べ）／コーセー

\ アイブロウはココを描く！ /

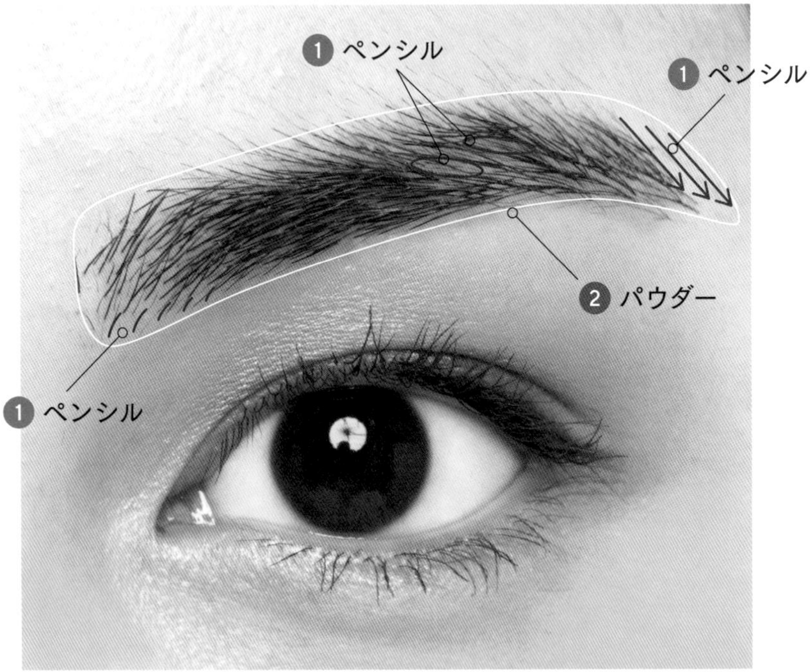
1 ペンシル
1 ペンシル
2 パウダー
1 ペンシル

眉尻の角度にそってグレーのペンシルで毛を3本ほど描き足し、眉尻側を自然に長くする。毛と毛の間に隙間がある場合は、その部分もアイブロウペンシルで描き足して。眉頭の下にも毛を描き足すと、立体感もアップ。最後にアイブロウ全体に明るいブラウンのパウダーをのせ、地肌ごと染めよう。

メイクのギモン

Q 眉山の位置は、どうやって探せばいい？

A 眉を指でなぞってみると簡単に見つかります！

眉頭から眉尻に向かって指をすべらせると、途中で眉骨の角度が変わり、斜め奥へカーブしていくところがあります。そこが眉山です！

基本のアイブロウの描き方 超丁寧プロセス!

1 スクリューブラシを約30°に折る

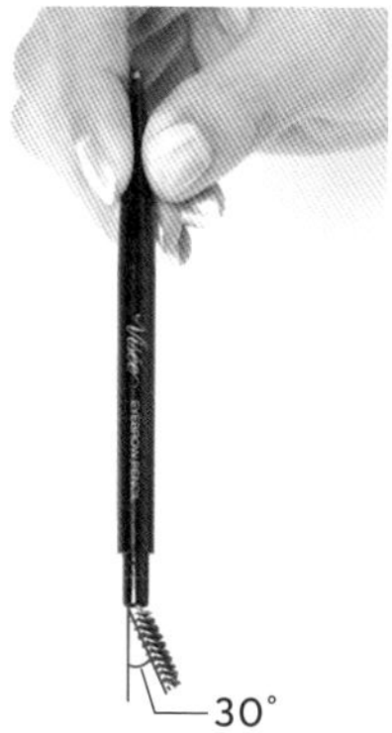

毛をとかしやすいように、あらかじめスクリューブラシに角度をつける。毛流れにそって全体をとかしておく。

2 グレーのペンシルで眉尻を描き足す

眉尻の角度にそって毛を3本描き足す。眉尻側を自然に長くする。

3 眉全体の隙間を埋める

毛がまばらに生えている部分にも、グレーのペンシルで毛を描き足す。

P99で紹介したアイテムを使って!

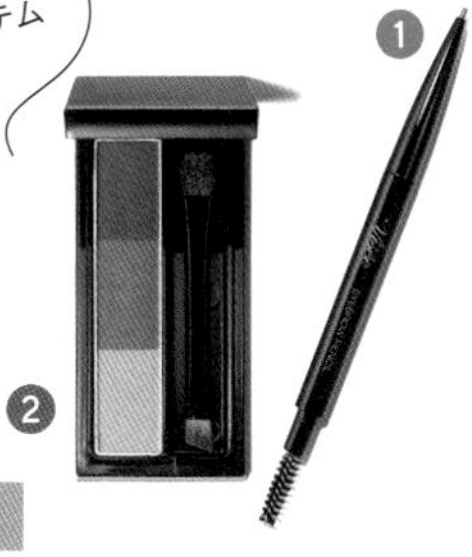

まだまだ続きます

基本のアイブロウの描き方 超丁寧プロセス!

彫りブラウン ◀ アイラッシュカーラー ◀ アイライン ◀ マスカラ ◀ **アイブロウ**

4.
眉頭の下に毛を描き足し、立体的に

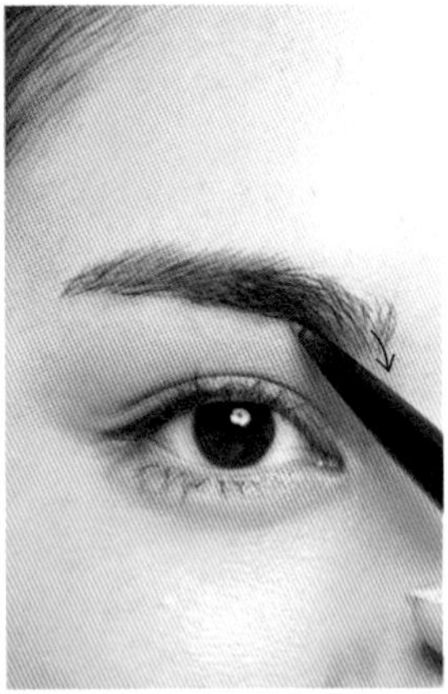

眉頭の下にも、眉骨の斜面のカーブにそって細かく毛を描く。

5
明るいブラウンをつくる

パレットの明るい色2色をブラシで混ぜておく。

6
パウダーで地肌を明るく

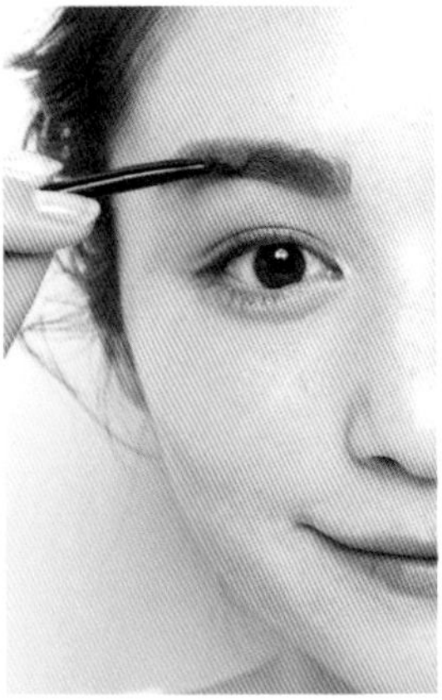

眉の下の肌を染めるようなイメージで、ブラシをすべらせず、押しあてるように塗る。

ブラシを垂直に押しつけて!

メイクのギモン

Q 今、流行りのカラー眉はどうつくる?

A カラーパウダーで肌染めがオススメです

カラーマスカラで毛を染める方法だと、不自然になりがちなので、オススメはパウダーで地肌に色をのせる方法。自然になじみます。

Finish!

キレイに整い、美人度がアップ

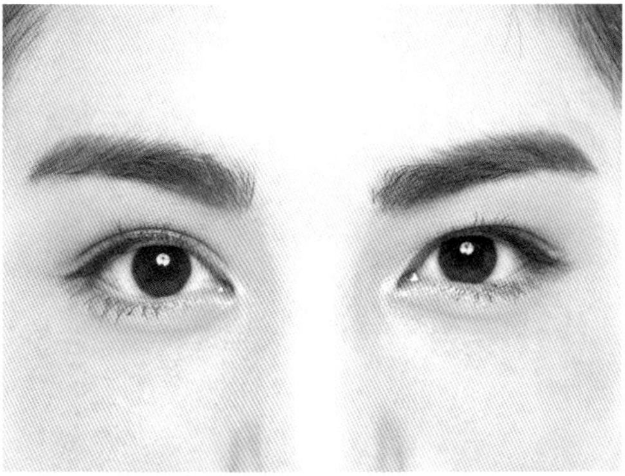

立体感のある ナチュラル眉に

7 スクリューブラシで なじませる

ココが重要!

毛流れにそって眉頭から眉尻まで一気にブラシを通して、全体を一体化させる。

彫りづくり、完成！

“何をしたかはバレずに
確実にハッとさせます！”

“自前の骨格やパーツを
生かしているから
もとから素敵な人に”

自分の素材を生かしているのが
長井式のアイメイク。
自前の彫りをより深く見せる
アイシャドウ、根元から自然な
カールをつけ、長さを出した
まつげなどが合わさることで、
もとから素敵な人が叶います。

“万人ウケする
鉄板のデイリーメイクで
毎日、好感度バツグン”

清潔感や好感度は確保されている
ベーシックな顔だから、
来シーズンになっても
時代遅れになる心配ナシ。
彫りづくりをした状態で、
アイメイクの完成形といえます。

もっとあります

長井のお気に入り

FAVORITE ITEMS

ITEMS:17

アイラッシュカーラー

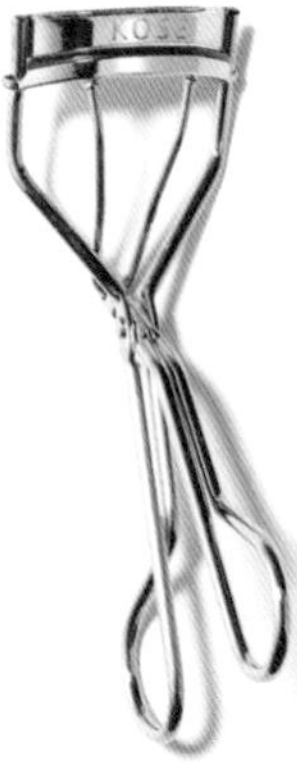

やんわりと繊細にまつげを上げられます！

まぶたの曲線にフィットして、短い毛もキャッチ。美カールを形成。コーセー アイラッシュカーラー ¥850／コーセーコスメニエンス

ITEMS:18

マスカラ下地

カールの持久力が格段にアップする名品

みずみずしい感触でなじみ、ゴワつきなく上向きカールを維持。カールラッシュ フィクサー ¥3000／エレガンス コスメティックス

ITEMS:19

マスカラ

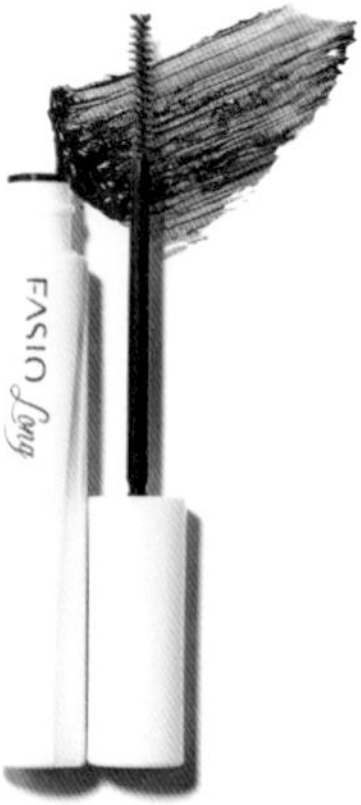

繊細につくのに確実にボリュームも出るこげ茶

スッとのびた美ロングまつげに。ファシオ パワフルフィルム マスカラ（ロング）BR300　¥1200（編集部調べ）／コーセーコスメニエンス

ITEMS:20

マスカラ

目ヂカラ効果の高い黒はまつげが細い人に

短い毛やうぶ毛にも対応。繊細な美まつげに。ラッシュ パワー マスカラ ロングウェアリング フォーミュラ 01 ¥3500／クリニーク

ITEMS:21

アイライナー

すっごいクリーミィで
負担ゼロの描き心地

黒に限りなく近いダークブラウン。するする引けて濃厚発色。キャンメイク クリーミータッチライナー 03 ￥650／井田ラボラトリーズ

ITEMS:22

アイライナー

まぶたがかぶりやすい
人向きのちょい太め

とろけるジェルペンシル。密着してくずれ知らず。インテグレート スナイプジェルライナー BR620 ￥950（編集部調べ）／資生堂

ITEMS:23

アイブロウペンシル

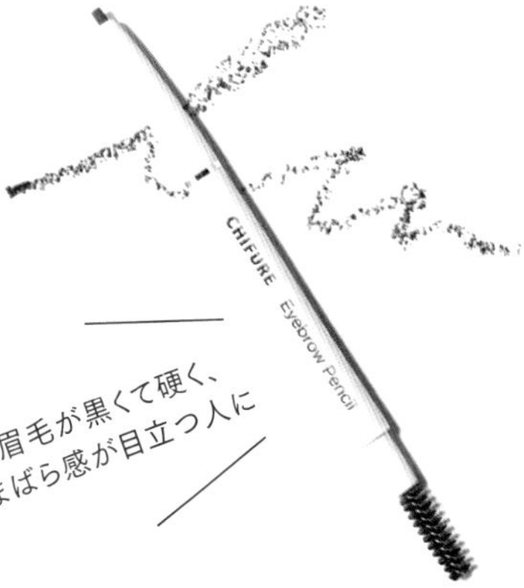

眉毛が黒くて硬く、
まばら感が目立つ人に

１本１本描きやすい絶妙な硬さの芯。ラスティング効果もばっちり。アイブロー ペンシル くり出し式 32 ￥400／ちふれ化粧品

ITEMS:24

アイブロウパレット

左側の２～３色の
ブレンドで肌染め色に

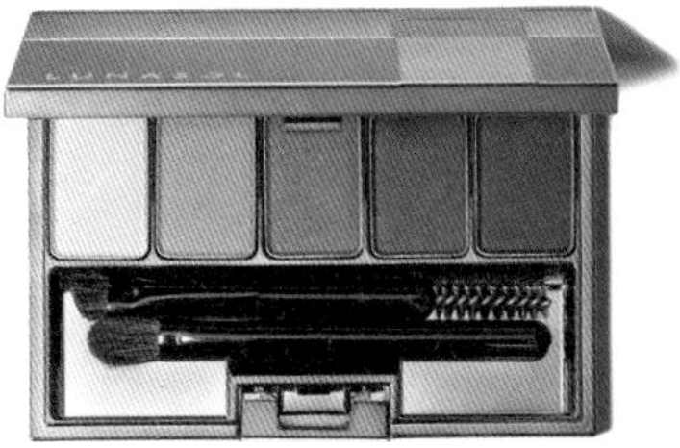

髪色に合わせた色がつくれる。アイシャドウとしても◎。ルナソル スタイリングアイゾーンコンパクト 01 ￥4200／カネボウ化粧品

BEAUTY Column

長井式スキンケアのポイントは
変顔とハンドプレス、指プレス

なんとなくスーッと手を動かしてしまいがちなスキンケアですが、それではダメ。思いっきり口を縦に開けたり、口を左右どちらかに寄せてみたりして頬の乱れたキメを広げたり。目を大きく見開いたり、指で軽くひっぱって折りたたまれたシワをのばしたり。いわゆる〝変顔〟にしてしっかりと入れ込むようにしましょう。

もうひとつ大切なのが肌と手を密着させること。頬や額、あごは手のひらから指先まですべて密着させてハンドプレス。目元や小鼻のキワ、ほうれい線などの細部は指先や指全体を添わせてプレス。力を入れる必要はなく、優しく隙なく密着させるように意識してください。素肌の美しさ、メイクのり＆もち、ツヤ肌仕上げのすべてに繋がります！

PART 3

カラーメイク

「色」をもっと楽しんでいいんです！

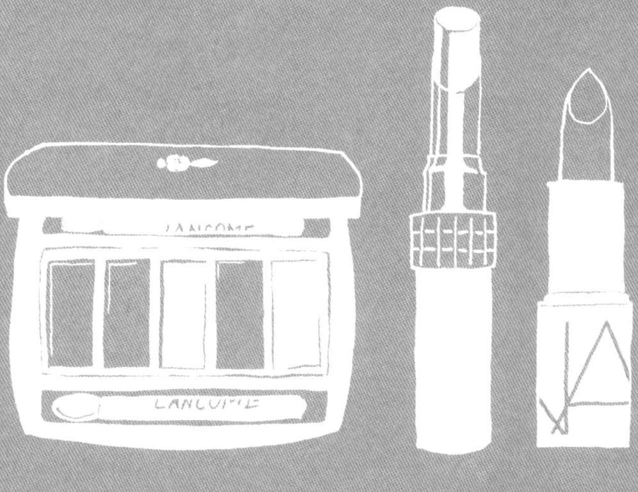

STEPS

カラーアイシャドウ ▶ リップ

さぁ、ここからはお楽しみです。好きな色をまといましょう！

ここまでの〝肌づくり〟と〝彫りづくり〟のパートでは
わかりやすく！をいちばんに考えて
テクやアイテムをひとつに絞ってお伝えしてきました。
となると同じ顔になるかと思いきいや、
きちんと（不思議と！）皆さんひとりひとりの〝らしさ〟がありつつ、
清らかでメリハリのある顔に仕上がっているはず！
ＰＡＲＴ２まででも、十分、デイリーメイクとして
いけますが、せっかくならカラーを重ねて、メイクの幅を
広げましょう！　すでに彫りがつくってあるから、
失敗が怖くて敬遠しがちなトレンドカラーも、
似合わなくてお蔵入りした手持ちコスメも楽しめます。

カラーアイシャドウ

「色選びの条件は、ただひとつ。〝ウキッ〟と気持ちがアガるかどうかです！」

はれぼったくなりそうと敬遠していた色も、
自分には似合わなそうと思っていた色も、大丈夫。
なぜなら、すでにあなたの目には〝彫り〟がある＝
立体感があることで、はれぼったく見えないし、
まぶたの影と自然になじむブラウンを
仕込んだことで、色浮きしないから。
だから、あなたがアイシャドウを見たときに
感じる「ウキッ」とした気持ちに従っていいんです！

P79までで〝彫り〟がつくれたら……

P78
プロセス9
の状態から
START!

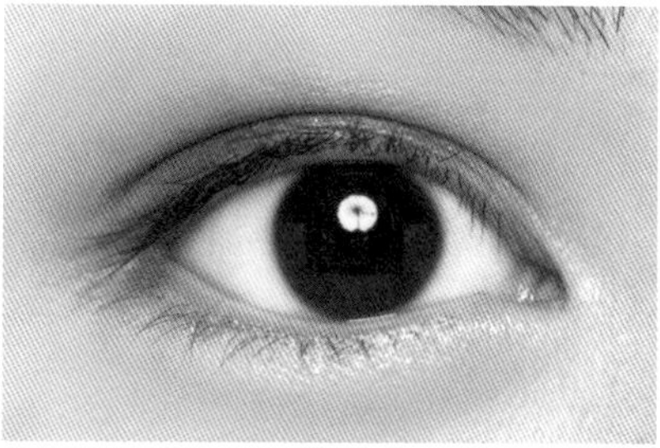

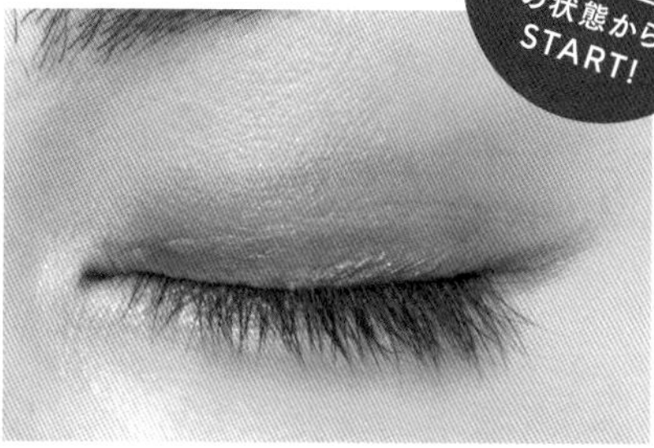

ここから先は、自由に色をのせてOK!

ただし、カラーアイシャドウの発色の濃淡で使い方を変えましょう!

淡く発色するなら、まぶた全体など広範囲にのせてOK。
濃く発色するなら、目尻のみ、キワのみと範囲を絞って。
この本では、具体例としてカラーメイク初心者でも使いやすい淡いオレンジと濃いパープルで4パターン紹介しますが、使い方のルールさえ守れば、どんな色でも失敗なく楽しめます。
色をのせた後、まつげメイク(☞P82)以降のプロセスへ。

パキっと鮮やかに発色するもの

＼例えば／

鮮やかなパープル　鮮やかなブルー

↓

なるべく狭い範囲に

もやっと淡く発色するもの

＼例えば／

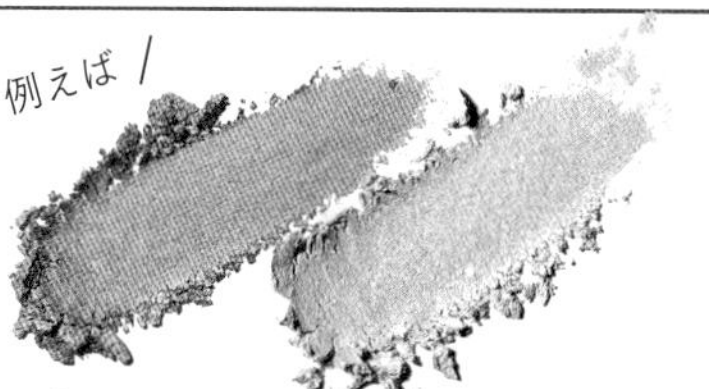

淡いオレンジ　淡いグリーン

↓

広範囲もOK!

＼ もやっと淡く発色するカラーがおすすめ ／

パターン 1 オレンジかぶせで好印象美人

まず最初に紹介するのが、もっともシンプルで簡単なテク。
パレットのカラーアイシャドウの中でも、より肌になじみやすい
オレンジを、上まぶた全体に重ねるだけの方法です。

彫りブラウンまでの状態

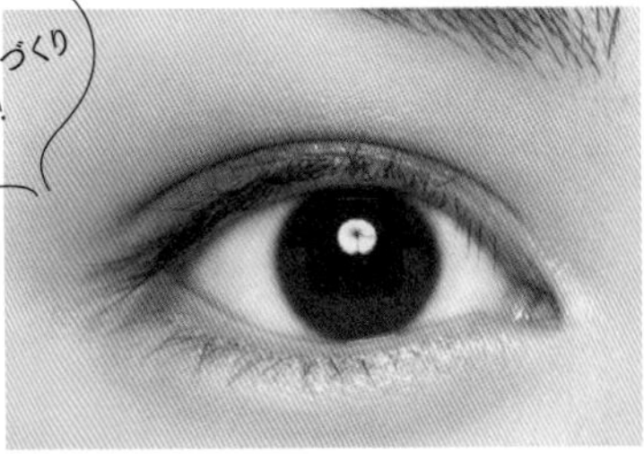

／ USE ITEM ／

ここに色をのせる!

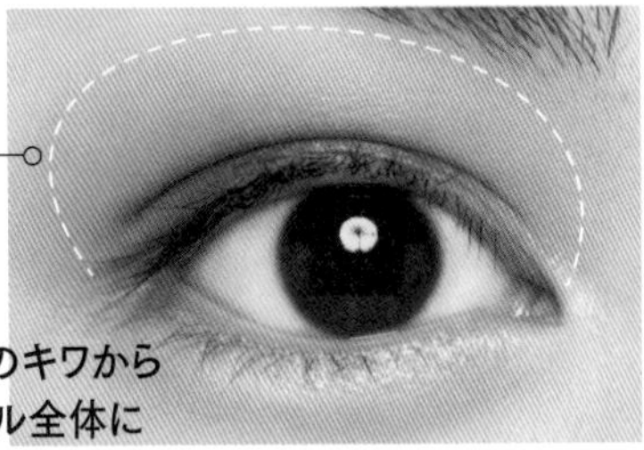

上まぶたのキワから
アイホール全体に
オレンジを重ねる

仕上がりはこう!

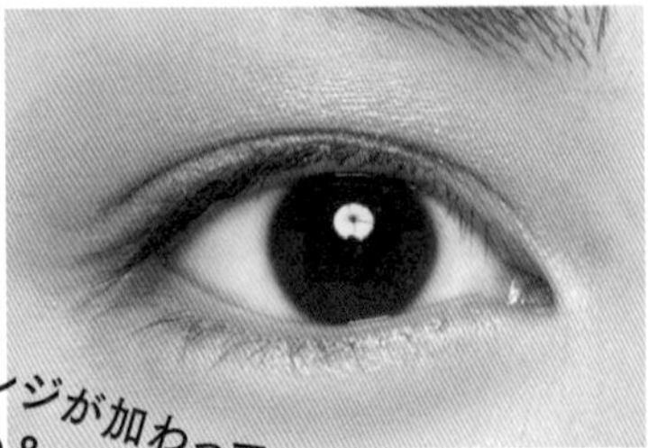

オレンジが加わって
華やか＆ヘルシーに

塗り方のポイント!

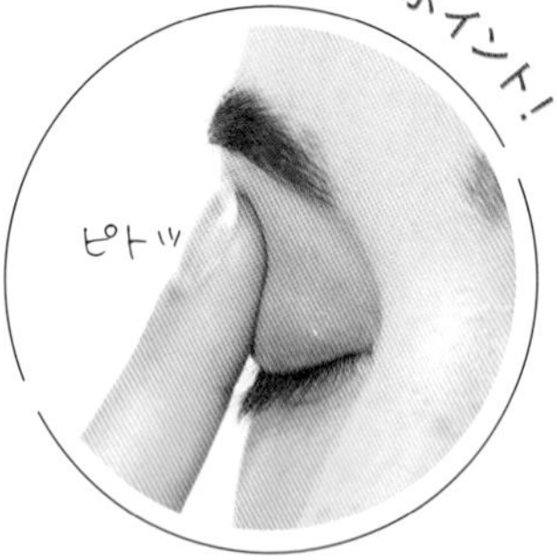

"指紋認証"置きで
ポンポンのせて!

人差し指の第一関節全体にオレンジ色をつけてから、指紋認証をする要領で押しあて、上まぶた全体に広がるようくり返す。

＼ パキッと鮮やかに発色するカラーがおすすめ ／

パターン 2 パープルの目尻攻めで タレ目風の甘め顔

下まぶたの目尻側に、色がきちんと主張するパープルをプラス。
しっかりと発色させることで、タレ目っぽくなって甘さが増すと同時に、
ちょっぴりモードな雰囲気も楽しめます。

彫りブラウンまでの状態

入れ方は P76～の彫りづくりと同じ！

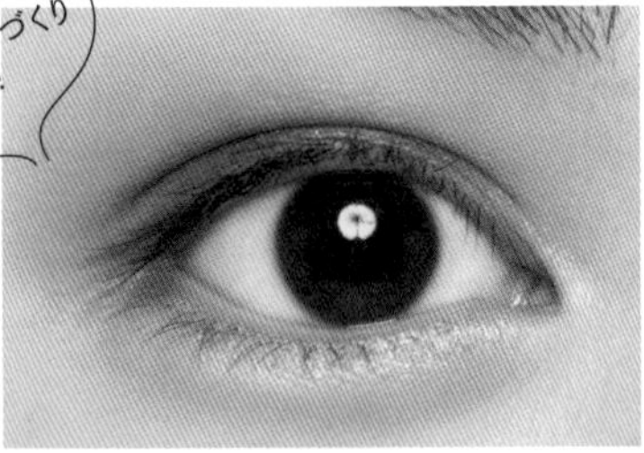

／ USE ITEM ／

ここに色をのせる！

黒目の終わりから 目尻の端まで パープルをオン！

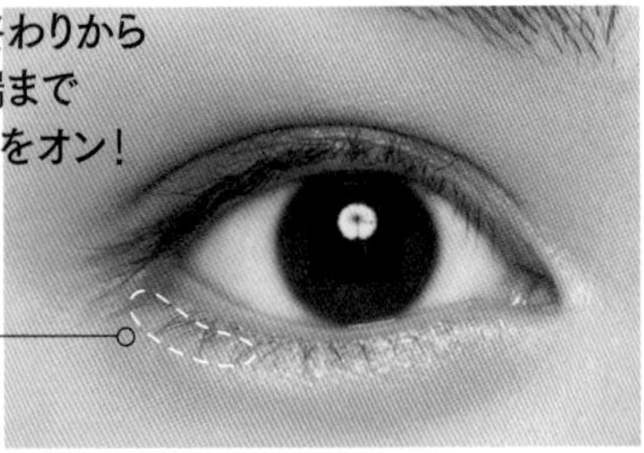

塗り方のポイント！

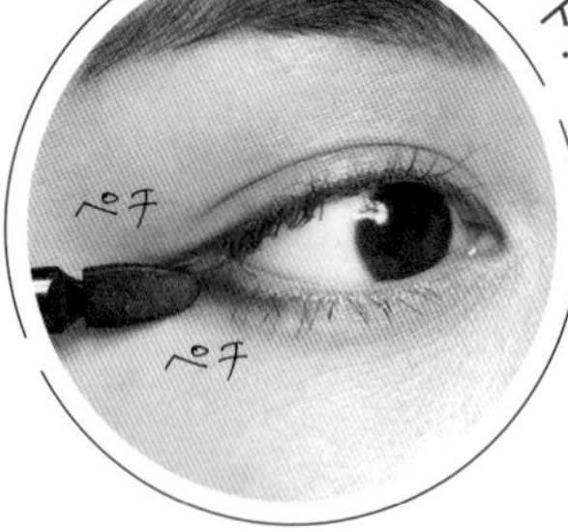

仕上がりはこう！

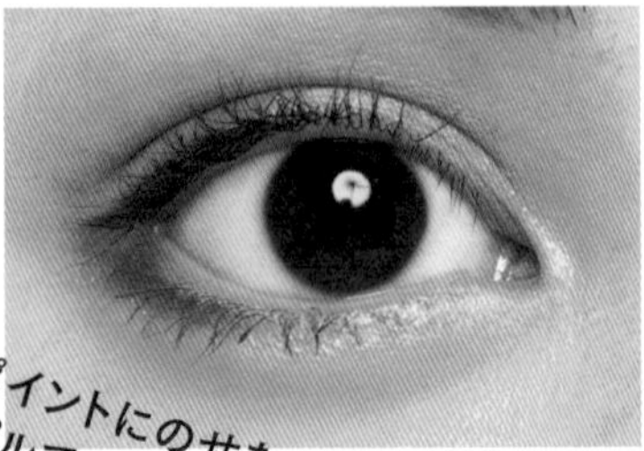

ピンポイントにのせたパープルでシャレる！

ペチペチ置くように塗って、最後はスッとのばすように

強く発色させたいのでチップを使用。黒目の終わりからキワにそって、チップを置くようにのせ、目尻の端まできたら引き抜く。

＼ もやっと淡く発色するカラーがおすすめ ／

パターン 3 | オレンジの囲み目で色っぽレディ顔

彫りづくりが完成しているまぶたを、ぐるっと一周、
しっかりとオレンジを発色させながら囲むテク。
目元のインパクトが強まり、女っぽさも一段とアップします。

彫りブラウンまでの状態

入れ方は P76〜の彫りづくりと同じ！

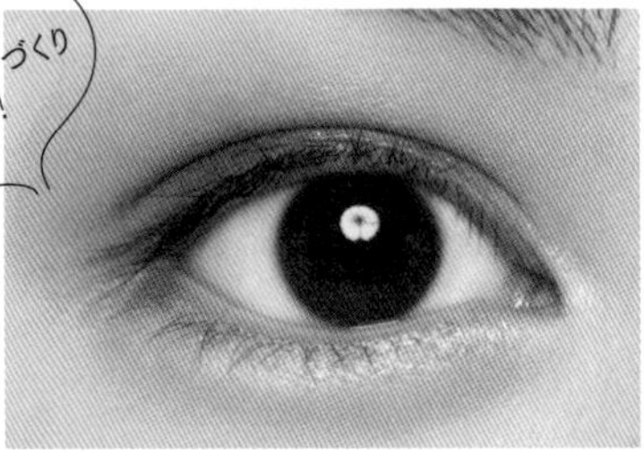

／ USE ITEM ／

ここに色をのせる！

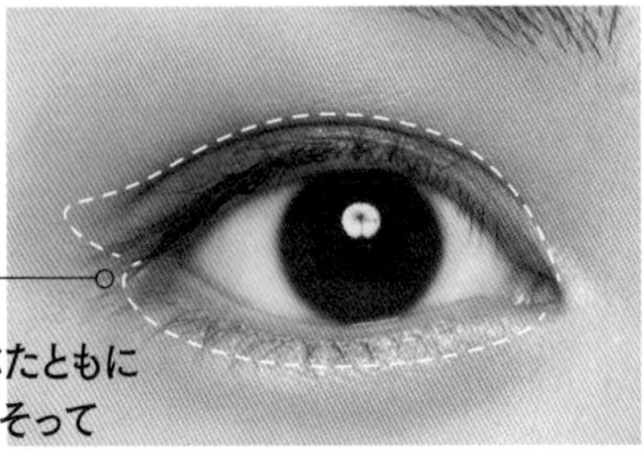

上下まぶたともに
キワにそって
オレンジで囲む

塗り方のポイント！

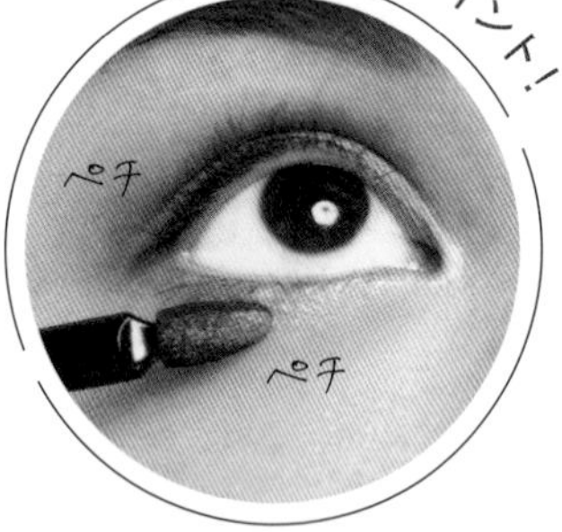

まぶたのキワに
ペチペチとチップを
押しつける！

チップはスッとすべらせずに、押しつけるように塗ると高発色。仕上げに指で軽くぼかして。

仕上がりはこう！

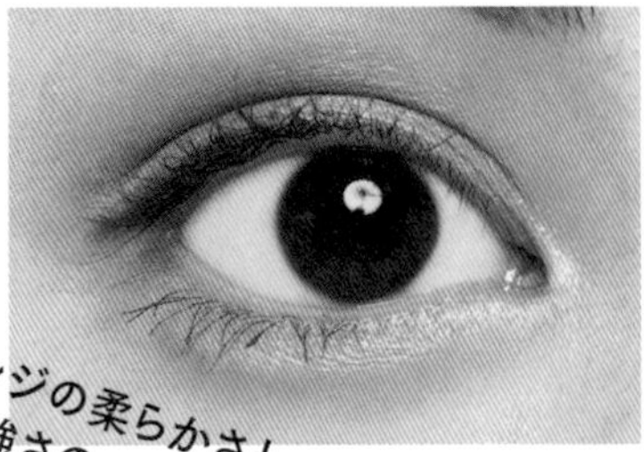

オレンジの柔らかさと
囲み目の強さのイイとこどり！

＼ パキッと鮮やかに発色するカラーがおすすめ ／

パターン 4 オレンジ×パープルのストライプでこなれ顔

簡単なのに、まわりのみんなと差がつく〝ワザあり!〟なメイクがこちら。
上まぶたにオレンジとパープルの両方は、ハードルが高そうに思えるけど
ブラウンがベースだから、意外なほどなじみ、メイク上級者に見えます!

彫りブラウンまでの状態

入れ方は
P76～の彫りづくり
と同じ!

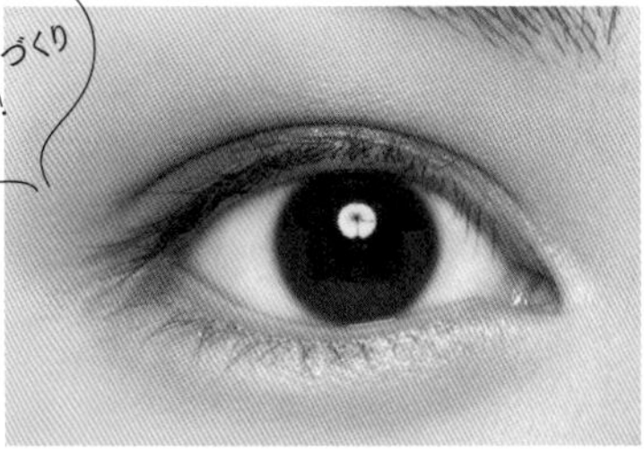

／ USE ITEM ／

ここに色をのせる!

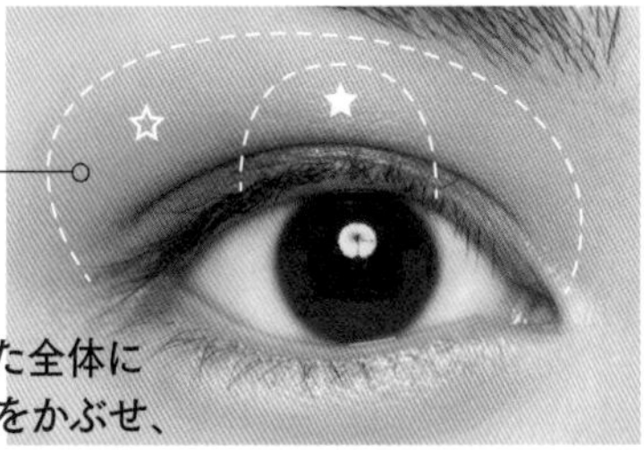

上まぶた全体に
オレンジをかぶせ、
中央のみパープル

仕上がりはこう!

ポップなのに浮かない
新鮮なストライプ塗り

塗り方のポイント!

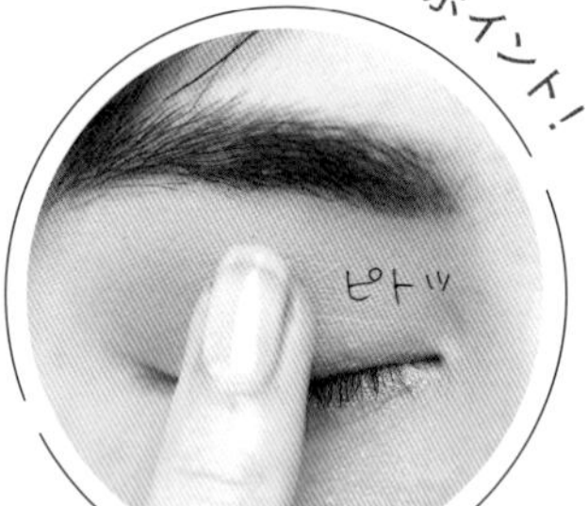

黒目の上に〝指紋認証〟おき

オレンジはパターン1(☞P114)の塗り方で。パープルを指先全体にとり、黒目の上に軽く押しつけ、キレイな指で境目をぼかす。

もっとあります

長井のお気に入り

FAVORITE ITEMS

ITEMS:25

アイシャドウパレット

難易度が低いピンク。カラー遊び初心者に

肌になじみ、ほんのりツヤのあるマット質感。ピンクブラウン系。ショコラスウィート アイズ ソフトマット 005 ￥1600／リンメル

ITEMS:26

アイシャドウパレット

中央の赤ピンクを黒目の上にのせるとシャレます！

鮮やかなローズやくすみピンクなど多彩なピンク系がイン。重ねても混ぜてもキレイに発色。イプノ パレット 12 ￥6800／ランコム

ITEMS:27

アイシャドウパレット

ミントグリーンは下まぶたやハイライトに

ミント色が爽やかさと抜け感をプラス。カネボウ セレクションカラーズアイシャドウ 07 ￥5500／カネボウインターナショナルDiv.

単色アイシャドウでもOKです！

色選びのポイントを押さえれば、自由に組み合わせられるから、好きな質感や色で1色ずつ選ぶのもあり。

ITEMS:29

彫りブラウンシャドウ

うすめの彫りブラウンは
肌なじみがピカイチ

うすめの赤みブラウン。さりげない彫り感とともに女っぽさも演出。ケイト ザ アイカラー 039 ￥650（編集部調べ）／カネボウ化粧品

ITEMS:28

白ベージュシャドウ

シルキー質感で発色も◎。
華やかな白ベージュ

美容成分をたっぷり含み、なめらかにフィット。自然な輝きでつややかに。フィト オンブル エクラ N10 ￥5000／シスレージャパン

ITEMS:30~33

カラーアイシャドウ

くすみ回避効果が抜群。
夕方のプラスオンにも

パールが立体感をコントロール。透明感のあるサーモンピンク。マジョリカ マジョルカ シャドーカスタマイズ BE330 ￥500／資生堂

広範囲でもポイントでも
ちょっぴりラブリーに！

きらめきとピンクみを帯びた光をトッピングするグリッターカラー。ケイト ザ アイカラー 008 ￥650（編集部調べ）／カネボウ化粧品

目ヂカラUPできる色。
ライン的に入れて

クリーム→サラサラに変化。濡れたようなツヤとキラメキを添えるデニムブルー。プリズム クリーム アイカラー 012 ￥800／リンメル

〝指紋認証〟置きで
色を効かせるのが正解

ちょっぴりくすんだイエロー。素肌が透ける発色だから色浮きなく広範囲にOK。プリズム クリーム アイカラー 011 ￥800／リンメル

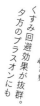

リップ

「トレンドを取り入れて 2本目、3本目に チャレンジ！」

私がアプリコットカラーと呼んでいるコーラル系は今も昔も変わらず、
推しカラーです。でも、〝今はそれだけではないよ！〟と
声を大にして伝えたい。アイシャドウやチークよりも明確に
流行が出やすいというのも、その理由のひとつですが
何より、空前のリップブームが続き、リップが主役になる
（もしくはアイメイクとともにダブル主演となる）メイクが
定着化し、定番と呼べる色が増えたからです。そこで今回は3色を提案。
肌なじみがよくてオフィスにもオススメの〝なじみローズ〟や〝透けレッド〟、
チャレンジ度は高いと思いきや意外とつけこなしやすい〝血色ブラウン〟です。
どの色にも使える塗り方2パターンと組み合わせることで、
メイクの幅がぐーんと広がるはず。思いっきりメイクを楽しんでください！

＼ 長井的 ／
絶対に使える3本はコレ！

なじみローズ

- ツヤもきちんとあって透け感がある
- 落ち着いたトーンの肌から浮かないローズ

ふっくら感とツヤをオン。華やかでレディな唇に。ドラマティックルージュN RS571 ￥2800（編集部調べ）／マキアージュ

素の唇が透けるような発色で肌なじみ◎。黄みよりでフレッシュな印象。Fujiko ミニウォータリールージュ 01 ￥1100／かならぼ

透けレッド

- 素の唇が透けそうなほどシアーでつややか
- 明るくくすみのない鮮やかなレッド

血色ブラウン

- 色が沈まず、血色を感じる赤みブラウン
- 質感はきちんと光を感じるマット系が◎

ひと塗りでリッチな発色と柔らかな質感を実現。派手になりすぎない、赤みを感じる茶。リップスティック 2991 ￥3300／NARS JAPAN

＼ どんな色も塗り方は2パターン！ ／

使える塗り方
その1

ぐりぐり塗り

↓

きっちり印象に！

1

口を開けて、センターから左右へ

リップを鉛筆のように持ち、上下の唇ともに、中央から左右に広げ圧をかけて塗る。

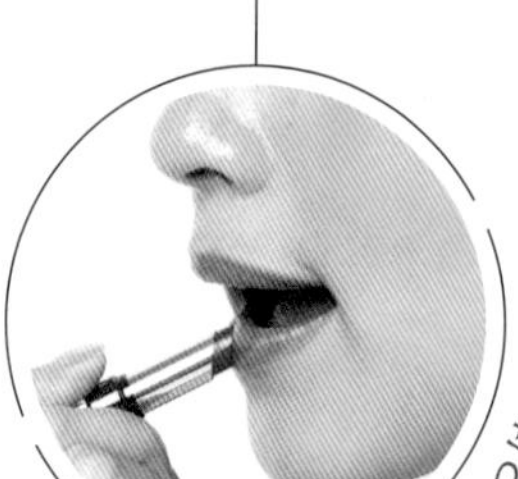

リップの平面を完全にくっつけて！

2

リップのエッジで唇の輪郭をとる

口角から唇の中央にリップをすべらせて。上下左右同様に全体を縁取る。

3

指で輪郭に溜まったリップをならす

唇側のキワではなく、肌側のキワをなぞること。下唇は肌の斜面にそって下からすくうようにすると◎。

NG!

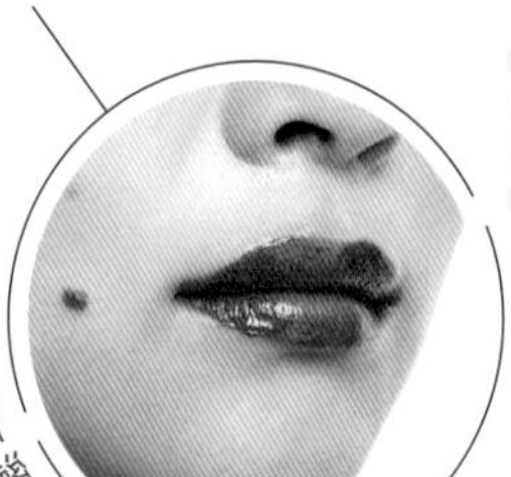

輪郭に溜まっているとだらしない！

Finish!

くっきり鮮やかに発色して華やか！

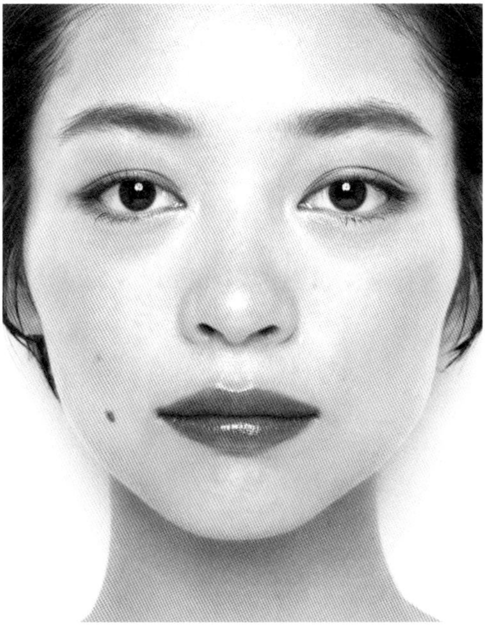

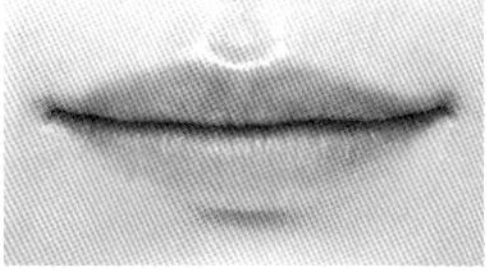

BEFORE

4.

各パートで指を変え、色移りを防ぐ

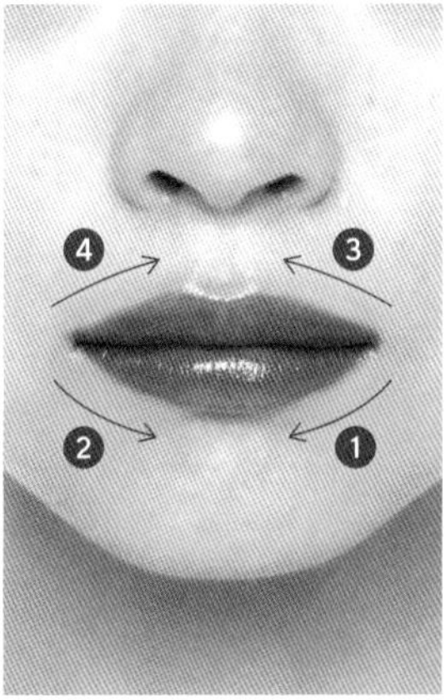

同じ指ですべてなぞると、オーバーリップぎみになるので、それぞれ違う指で。上唇は上側からなぞって。

＼ 4つの指を使ってぬぐう！ ／

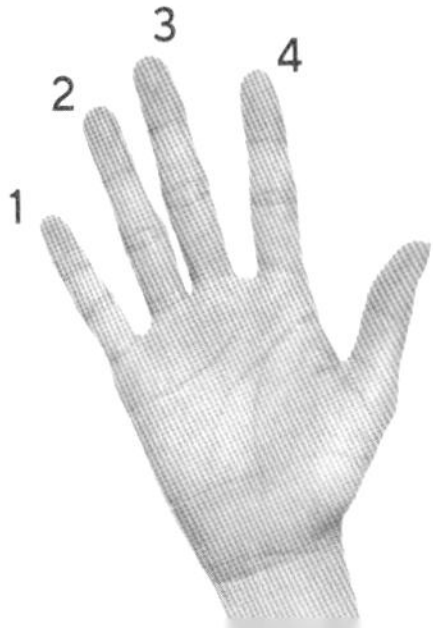

＼ どんな色も塗り方は2パターン！ ／

使える塗り方
その2

さすさす塗り

↓

カジュアル印象に！

1
脱力して
まぬけ顔で塗る！

力みゼロで塗りたいので、ぬぼ〜っとした顔をつくる。

2
圧がかからないように
リップの側面で塗る

色がつきすぎないよう、あえてリップの側面を軽くあてて、さすさす動かす。ここできっちり塗りつぶす必要なし。

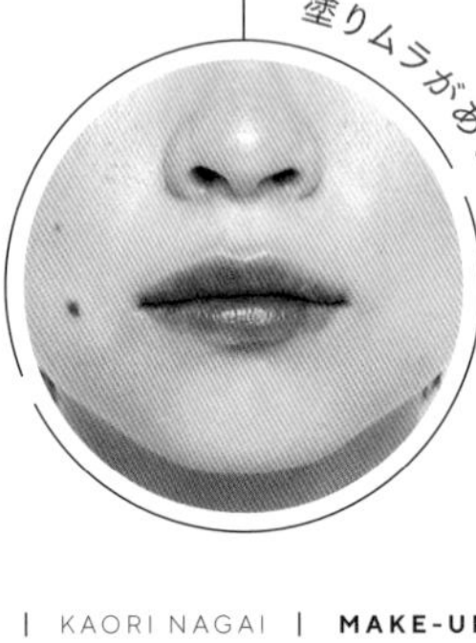

塗りムラがあってもOK！

3
上下の唇を合わせて
ンマンマする

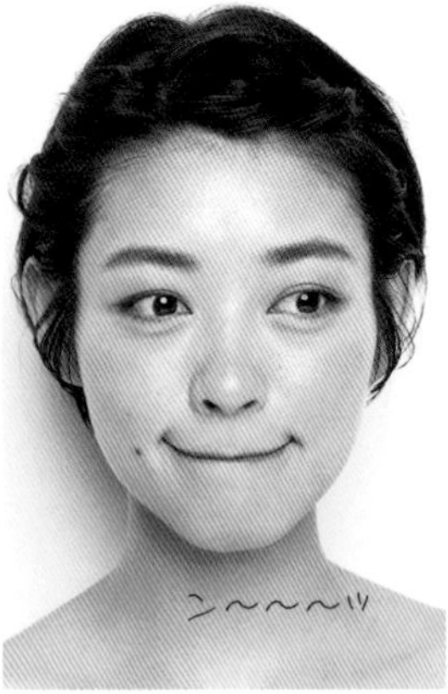

ンーッと唇を合わせてから、5秒ほどンマンマと動かして、しっかりなじませる。

Finish!

軽やかに色づいてナチュラルめ

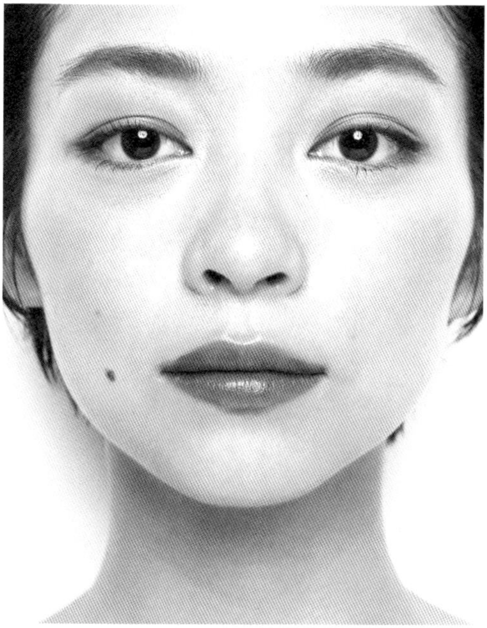

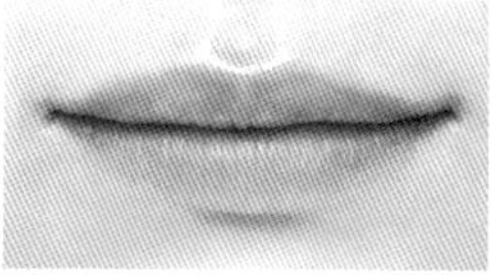

BEFORE

4.

〝マッ〟と開けば できあがり♪

口角の端まで完璧に色がのっていなくても、全体にもやっとついていれば問題ナシ。

きちんと端正にみえて大人っぽい！

なじみローズ

華やかなのに落ち着き感も。
シックなオンタイムカラー

肌なじみのいいローズは、きちんとして見えるから、目上の人からの評判もよくオフィスシーンやフォーマルシーンにぴったり！

うすづきだから失敗知らず。
さりげないトレンド感も
まとえます！

ドラマティックルージュＮＲS571 ¥2800（編集部調べ）／マキアージュ

＼ 仕上がりをCHECK! ／

さすさす塗り

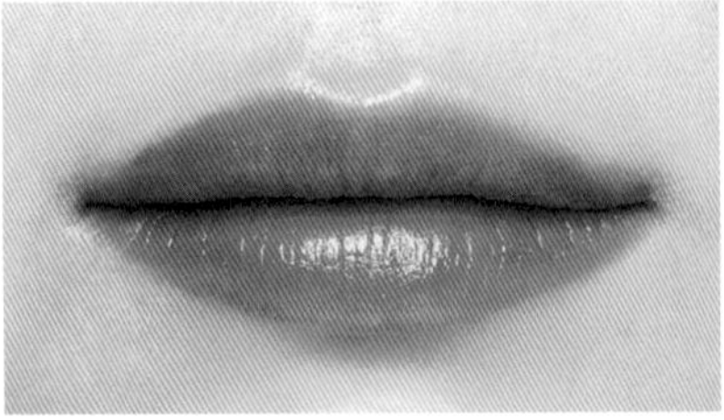

ぐりぐり塗り

コチラもオススメ！

イマドキなシルキー質感。
輪郭をぼかすと
ポッと発色して可愛い！

スモーキーなローズは、きちんとツヤがありつつも主張しすぎず、大人っぽい雰囲気に。ラプソリュ ルージュ R 03 ¥4000／ランコム

深みのあるローズは
きちんと大人で上品。
価格も魅力です！

しっとりと唇に密着し、濃密に発色。落ち着き感のあるローズ。メディア ブライトアップルージュ RS－01 ¥1100／カネボウ化粧品

唇の上でとろ～ん。
グロスみたいな
潤みニュアンスです！

とろけるように広がり、ぷるっぷるに。ピンクみを帯びた愛されローズ。ビー アイドル つやぷるリップ　05 ¥1400／かならぼ

鮮やかな発色で
ツヤツヤ。ピンクみが
強くて愛され度高め。

潤いがあふれ出るジューシーな質感。透けるカシス色で美味しそうな唇に。ラプソリュ マドモワゼルシャイン 368 ¥3800／ランコム

“表情がキュッと引き締まり、
凜とした美しさが際立ちます”

なじみローズ × ぐりぐり塗り

鮮やかに発色して華やかでありつつ、ローズならではの上品さが引き立つのが、この塗り方。大切なプレゼンや取引先への訪問などきちんとみせたい日に。

”清楚でいて華やか。
幅広く愛される顔になります“

なじみローズ
×
さすさす塗り

軽やかにまとうことで、こなれ感が生まれ、親しみやすい雰囲気に。清潔感と柔らかな印象が伴い、オフィスはもちろん、彼ママにご挨拶のときにも。

フレッシュで好感度バツグン！

透けレッド

実は美肌魅せ効果が◎
オンもオフもOKな万能カラー

いわゆる〝真っ赤〟な中でも、最近は唇が透けるような発色とツヤによって肌なじみがいい色が充実。想像以上につけやすいはずです。

初心者にオススメ！
色つきリップの延長で
気軽にまとえるシアー感

Fujiko ミニウォータリールージュ 01 ¥1100／かならぼ

＼ 仕上がりをCHECK！ ／

さすさす塗り

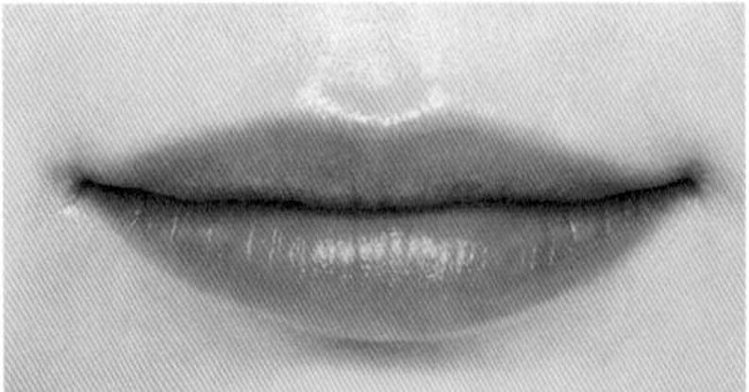

ぐりぐり塗り

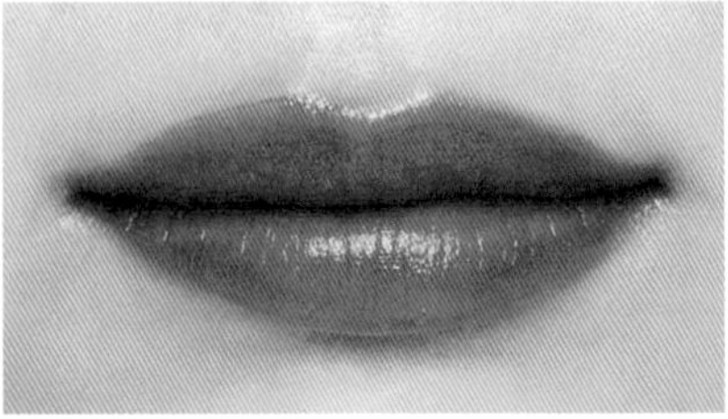

コチラもオススメ！

透け感高めで
色つきリップのように
気軽に塗れます

ちゅるんととろけるみずみずしいリップ。黄みよりの赤。ヴィセ リシェ マイレッド ルージュ 02 ￥1500（編集部調べ）／コーセー

素唇のくすみや
色ムラを打ち消して
見たままに発色

ゴールドパール効果で鮮やかなのになじむ。コフレドール スキンシンクロルージュ RD-228 ￥2700（編集部調べ）／カネボウ化粧品

カジュアルで
フレッシュな印象の
オレンジレッド

クリーミーなツヤで人気。ヘルシーなオレンジレッド。ルージュ ヴォリュプテ シャイン 82 ￥4100／イヴ・サンローラン・ボーテ

メルティタッチで
高保湿。使いやすい
王道のレッド

なめらかな塗り心地でピンクレッドが見たままに発色。キャンメイク メルティールミナスルージュ 02 ￥800／井田ラボラトリーズ

赤がクリアに色づくことで
肌も表情も洗練度がアップ

透けレッド × ぐりぐり塗り

赤ならではの女っぽさを存分に堪能できるのが、ぐりぐり塗り。透け感のある発色だから、どぎつくならず、明るく洗練された印象を演出します。

"ほわっとした赤みが可愛い！
カジュアルでチアフルな顔に"

透けレッド × さすさす塗り

チャレンジカラーになりがちな赤も、この塗り方なら発色が和らいで、デートでも好印象。明るい色を唇に差すことで、血色がよくイキイキと見えます。

ちょっとモードなオシャレ顔に

血色ブラウン

休日にぜひ楽しんでほしい 表情がこなれる旬カラー

断然オススメは、セミマットなテクスチャー。攻め色ですが、目元の彫りがブラウンなので、つけてみると想像以上になじみます。

トレンドど真ん中！
シルキーな質感で
潤いを感じるマット

リップスティック 2991
￥3300／NARS JAPAN

＼ 仕上がりをCHECK! ／

さすさす塗り

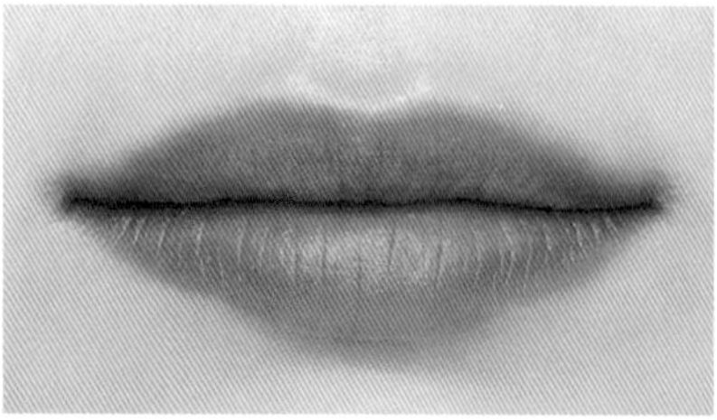

ぐりぐり塗り

コチラもオススメ！

間違いなくオシャレな
攻め色ブラウン。
目元は控えめにすると◎

シルキーな感触で見たまま発色。ルージュ エッセンシャル シルキークリーム リップスティック 05 ￥3600／ローラ メルシエ ジャパン

ベースに仕込むと、
手持ちリップが
ブラウンニュアンスに

なめらかでベルベットのようなマットな唇に。渋めでヌーディ。ベルベットマットリップペンシル 2496 ￥3300／NARS JAPAN

唇を潤しつつカバー。
赤みを含んでいるから
顔色まで晴れやかに

挑戦しやすいプチプラリップ。こっくり深みのあるブラウンで大人っぽく。ラスティング リップカラーN 105 ￥480／セザンヌ化粧品

かっこいいだけではなく
女っぽさもにじむ
ローズを感じるブラウン

健やかな素唇の質感に近いしっとりマット。赤みと茶のバランスが絶妙。ザ ルージュ ベルベット RD 402 ￥3500／コスメデコルテ

“シンプルなコーディネートも
とびっきりオシャレに見えます！”

血色ブラウン
×
ぐりぐり塗り

血色ブラウンを潔く楽しめる、ぐりぐり塗り。ドキドキするかもしれませんが、騙されたと思ってぜひ。輪郭を整えているので、上品さもあります。

“淡いから挑戦しやすい！
抜け感があり、いい感じに女っぽく”

血色ブラウン
×
さすさす塗り

マットならではのほわっとした発色でこなれ感が生まれ、柔らかそうな唇に。いつも以上に気合の入る女子会などに、さらりとまとってほしいです。

おわりに

皆さん、いかがでしたでしょうか？
今までカラーメイクは似合わない、難しそうといった理由で敬遠してきた方、
意外と平気だったのではないでしょうか？
なかなかモデルさんのようにメイクがキマらないとモヤモヤしていた方、
すっきりとしたのではないでしょうか？
それもこれも、皆さんとメイクレッスンやイベントで直接お会いしたり、
雑誌やＳＮＳを通してたくさんの生の声を届けてくださったから。
そこに雑誌などの撮影現場で感じた、時代の空気感をミックスすることで、
失敗することがない、新たなベーシックメイクのつくり方が完成しました。
この本でベーシックなメイクをマスターしておけば、
この先、どんなトレンドが来ても大丈夫。
メイクを変えることが楽しくなると思います。
私はこれからも、いろんな経験を積んで、たくさんの気づきを得て
もっともっと皆さんのお役に立てるよう、楽しく精進していきます。
そして最後にもう一回。もっと気楽に、自由に、メイクを、色を楽しみましょう！

COOPERATION

COSMETICS

アルファネット …… 03-6427-8177
イヴ・サンローラン・ボーテ …… 0120-52-6333
井田ラボラトリーズ …… 0120-44-1184
イミュ …… 0120-37-1367
エテュセ …… 0120-07-4316
MiMC …… 03-6455-5165
エレガンス コスメティックス …… 0120-76-6995
かならぼ …… 0120-91-3836
カネボウインターナショナルDiv. …… 0120-51-8520
カネボウ化粧品 …… 0120-51-8520
クリニーク お客様相談室 …… 0570-003-770
コーセー …… 0120-52-6311
コーセーコスメニエンス …… 0120-76-3328
コーセープロビジョン …… 0120-01-8755
コスメデコルテ …… 0120-76-3325
シスレージャパン …… 03-5771-6217
資生堂／資生堂インターナショナル
お客さま窓口 …… 0120-81-4710
シュウ ウエムラ …… 0120-69-4666
ジルスチュアート　ビューティ …… 0120-87-8652
SUQQU …… 0120-98-8761
セザンヌ化粧品 …… 0120-55-8515
セルヴォーク …… 03-3261-2892
ちふれ化粧品 …… 0120-14-7420
ナチュラピュリファイ研究所 …… 0120-24-5524
NARS JAPAN …… 0120-35-6686
ボビイ ブラウン …… 0570-003-770
ヤーマン …… 0120-77-6282
ランコム …… 03-6911-8151
リンメル …… 0120-87-8653
ロージーローザ …… 0120-25-3001
ローラ メルシエ ジャパン …… 0120-34-3432

FASHION

アンビエント …… 03-5772-6470
ヴァンドーム青山本店 …… 03-3409-2355
エウクレイド …… 03-5931-4959
カーサフライン表参道本店 …… 03-6447-5758
ゴールディ …… 03-6447-4180
ザ・スーツカンパニー銀座本店 …… 03-3562-7637
J Products …… https://jproducts.shop-pro.jp/
ジジョン …… 03-3780-0891
ジューシーロック …… http://www.juicyrock.co.jp
ジュエッテ …… 0120-10-6616
スタージュエリー表参道店 …… 03-5785-0201
ストックマン …… 03-3796-6851
バイマイティ …… http://www.bymity.com
フィルム …… 03-5413-4141
プールスタジオ アリヴィエ …… 052-264-8083

[カバー] ピアス¥42000／スタージュエリー表参道店（スタージュエリー）　トップス／スタイリスト私物　**[P016、060～061]** カットソー¥9000／エウクレイド　ピアス¥10000／ジュエッテ　**[P68、104、105]** ニット¥4900／プールスタジオ アリヴィエ　ピアス¥28000／ヴァンドーム青山本店(ヴァンドーム青山)　**[P115]** ワンピース¥34000／カーサフライン表参道本店（カーサフライン）　ピアス¥4300／ジューシーロック　**[P117]** ワンピース¥36000／フィルム（ソブ）　ピアス¥29000／スタージュエリー表参道店（スタージュエリー）　**[P119]** ニット¥6800／ザ・スーツカンパニー銀座本店（ザ・スーツカンパニー）　ピアス¥28000／スタージュエリー表参道店（スタージュエリー）　**[P121]** ニット¥10800／アンビエント　ピアス¥4200／ジューシーロック　リング¥12000／ジュエッテ　**[P132]** シャツ¥19000／ストックマン（オットダム）　イヤリング¥14000／バイマイティ　**[P113]** ブラウス¥6500／プールスタジオ アリヴィエ　ピアス¥17800／J Products　**[P126]** ブラウス¥8900／プールスタジオ アリヴィエ　イヤカフ¥7000／ジュエッテ　**[P137]** ニット¥5900／プールスタジオ アリヴィエ　イヤリング¥2700／ゴールディ　**[P140]** Tシャツ¥5800／バイマイティ　ネックレス¥15000　リング¥17000／ジュエッテ　**[P141]** ワンピース¥32000／カーサフライン表参道本店（カーサフライン）　イヤリング¥1600／ゴールディー

化粧品メーカーの人気ビューティアドバイザーとして百貨店に勤務の後、2005年にヘア＆メイクアップアーティストに転身。雑誌・広告・映像の第一線でモデルや女優のヘアメイクを手がけるほか、雑誌「VOCE」を始めとした女性誌でメイク連載を多数抱える。自主開催の「パーソナルメイクトレーニング」は、募集を開始すると即予約定員数に達することから、〝日本一予約の取れない〟メイクレッスンとして話題に。
著書『必要なのはコスメではなくテクニック』『美しくなる判断がどんな時もできる』(ダイヤモンド社)、『テクニックさえ身につければ、「キレイ」はもっと引き出せる』(講談社) などが累計20万部を突破するベストセラーに。

長井かおり
KAORI NAGAI

世界一《せかいいち》わかりやすい メイクの教科書《きょうかしょ》

丁寧《ていねい》すぎるプロセス付《つ》き！

2020年 1 月20日　第 1 刷発行
2024年 2 月20日　第10刷発行

著者　長井《ながい》かおり

発行者　清田則子
発行所　株式会社 講談社
〒112-8001
東京都文京区音羽2-12-21
電話　編集 ☎03-5395-3469
販売 ☎03-5395-3606
業務 ☎03-5395-3615

印刷所　大日本印刷株式会社
製本所　大口製本印刷株式会社

KODANSHA

ISBN 978-4-06-518715-9

STAFF

PHOTOGRAPHS
岩谷優一(vale.／model)
当瀬真衣(TRIVAL／model)
伊藤泰寛(still life)

STYLING
程野祐子

MODELS
松原菜摘、里々佳、関森真弓、林日向子

ILLUSTRATION
ミヤマアユミ(characters)
ちばあやか(cosmetics)

ART DIRECTION
松浦周作(mashroom design)

DESIGN
堀川あゆみ(mashroom design)
青山奈津美(mashroom design)

IMAGING DIRECTION
芳田賢明(大日本印刷)

TEXT
楢﨑裕美

EDIT
河津美咲

SPECIAL THANKS
寺本衣里加